コンビニと日本人

なぜこの国の「文化」となったのか

はじめに――目を見張るコンビニ環境の変貌

初めて、私がコンビニについて講演したのは、ある教育委員会からの依頼でした。小学校の教室ほどの小さな部屋にコの字に並んで座られたのは、教師や父兄の皆さん。なぜか、皆さんの目が三角に見えます。そのとき、ホワイトボードを使ってコンビニのしくみを説明したと思いますが、若かった私は冷や汗を感じていました。ひと通り話を終えると、案《あん》の定《じょう》、集中砲火を浴びます。

「子供たちをたぶらかすコンビニは、けしからん！」

それが、その場の趣旨だったと思います。もちろん、質問は細かくなされ、それぞれに答えていたのですが、さらに大量の冷や汗をかきながら、まるで自分がコンビニのまわしものにでもなったような居心地の悪さを感じました。

最近、子供の発達について研究しているグループに呼ばれ、コンビニと食についての話をする機会がありました。大学に付属した研究室の予備室のような雑然とした小部屋で、夕方、ひと仕事を終えて集まってきた皆さんにプロジェクターを使って話しました。

「コンビニって、奥が深いんだ！」

その場の話し合いでは、食をめぐる問題が縦横無尽に行き交《か》い、コンビニに終始することはなかったのですが、ひとりの研究者がポンと膝をたたくように、そう発したのです。

普段なにげなく利用するだけの、生活の一部と化してしまったコンビニも、改めて見つめてみると〝結構やってる〟と思ってもらえたようで、ほっとしました。

※　※　※

初めての講演から最近のラフな勉強会までの間に20余年の月日があります。その間にコンビニの評価は変わりました。しかし、本当に変わったのはコンビニではなく、それを取り巻く環境、社会のほうです。

コンビニが子供の食を乱したり、一人暮らしを勧めたりしたわけではありません。コンビニが商店街の店主とお客の触れ合いを奪ったわけでもありません。

しかし、一人暮らしをする人が増えて、商店街が衰退する一方で、コンビニ店舗は増加しているという現象はあります。

そのなかで、人々はバラバラになったように感じて、何とか誰かとつながりたいと思う気持ちが増していました。東日本大震災はそんな日本社会を襲いました。

復興しなければならないのは被災地だけではなく、日本全体だと思っている人は少なくないと思います。

かねてから、私はコンビニの取材を重ねるなかで、コンビニのネットワークを〝結構できてる〟と思っていたので、もっと社会のいろいろなところで活《い》かせないかなと思ってきました。

コンビニのネットワークとは、広い地域に数多くの店舗を出店していくために、本部と店舗を結ぶ「情報のネットワーク」、商品を効率よく時間通りに運ぶための「物流のネットワーク」、そして、肝心の商品をつくるために原材料を集めて加工・製造するまでの「商品開発のネットワーク」を言います。これらのネットワークは、非常にシステマチックに絡み合い、原材料の調達から含めると世界中を駆け巡っています。もっとも、各チェーンがそれぞれに構築してきたネットワークなので、私企業の域を出ません。それを社会的に活用するというのは、どういうことかといぶかられるでしょうか。

企業とか公共とか、壁の話をする人もいます。そういう問題ですかと思いつつも、非常に気にしていたのは、人の心の壁でした。

20余年も前の集中砲火がトラウマになっていたのかもしれません。でも、コンビニのネットワークを使うなんて、好意的なイメージがなければ拒否されてしまうでしょう。

といって、現在、それを提案して受け入れてもらえるだけの環境になったかどうか、人の心の問題だけに、よく分かりません。

有り難いことに、その機会を得られることになって、改めて、震災からのコンビニを取り巻く環境を見つめてみました。

※ ※ ※

本書では、コンビニと社会との関係について語りながら、日頃から考えてきたコンビニのネットワークの活用を控えめに提案しようと思いました。

社会をいくつかの側面から見て、コンビニがどう関わってきたかを考察していくことにして、テーマ出しをしました。すでにコンビニは「社会的なインフラ」とも言われているように、社会の隅々に関わっているために、断面的に切り出すのも難しければ、それを絞り込むのも難しく、往生しました。

取り上げたテーマは次の5つ。各章に対応しています。東日本大震災（第1章）、人口減少社会（第2章）、少子高齢社会（第3章）、ネット社会（第4章）、そして、コミュニティ（第5章）です。

コンビニの社会的なインフラを前提に自分で決めたテーマですが、それぞれに歯応えがあって黙考しているうちにも、コンビニを取り巻く環境は変化して行きます。
そう、ずっと社会は動き続けているのですから、それに振り回されている私自身も含めて、まとめようなんて端《はな》から無理だったのだと思いなおして、まだ拙《つたな》い分析のままに書き上げました。

東日本大震災を経験して変わったと感じられるところもあります。これまで、コンビニの世界中からの商品調達に〝フード・マイレージ（生産地から食卓までの距離）〟を問題にする人々は批判的でしたが、福島第一原発の事故によって、西日本の産品に替えたり、国産品を控えたりする動きが目立ちました。一方で、このときこそと福島県産品を中心に購入して被災地を応援する人々もいました。どちらも、消費者としての素直な気持ちだと思います。どちらが良い悪いではなく、選択肢があって、自分の意思で選べることが大切なのではないでしょうか。

本書で取り上げたテーマのなかにも、本来は触れるべきなのに、冗長になるのを恐れて省《はぶ》いてしまったところもあります。それも心残りです。

たとえば、コンビニでの取り扱いが増えている医薬品。ドラッグストアとの協業も進んでいます。高齢社会にとって重要なテーマですので、もう少し落ち着き先を見極めてから検討したいと思います。

ところで、ふてぶてしくも、本書で控えめにした拙い私の提案を是非に実践してみたいと思っているのです。たぶん、思いもしなかった課題が見えてくるでしょう。それが、ひとつ楽しみでもあり、ひとつ狙いでもあります。課題は克服しても、また新しい課題となって尽きないものですが、そういう月日が新しい風景をつくるのではないかと思います。
その過程もお話しできる機会があればいいなと思います。

※　※　※

この場を借りて、祥伝社書籍出版部の山田幸伯氏、そして、私の遅筆に付き合いずっと励まし続けてくださった海風社の西森純三氏にお礼を申し上げます。

二〇一二年一一月

加藤　直美

はじめに……………………3

第2章 人口減少社会とコンビニ

●編集協力／海風社

●カバーデザイン・本文ＤＴＰ／オリーブグリーン

第1章

東日本大震災とコンビニ

1 〝ライフライン〟としての自覚

被災コンビニ2000店舗以上

2011年3月11日14時46分、あなたはどこで何をしていらっしゃいましたか？

未曾有《みぞう》の大震災に見舞われた東北から関東に掛けての地域では、コンビニも大きな被害を受けました。

当時、被害が発生した地域には5000店舗を超えるコンビニがありました。このうち、約4割に及ぶ2000店舗以上が「1日以上の閉店を余儀なくされる」状態になりました。

コンビニ業界には、被災地では店舗の営業を継続すること、被災した店舗は早期に復旧させて営業を再開することが、災害時の優先事項としてあります。

つまり、大きな揺れで棚から商品が落ちたり、窓ガラスやドアが破損したりした店舗でも、応急処置を施して、すぐに営業を再開することになっているのです。

ですから、1日以上も閉店を余儀なくされるのは、よっぽど被害がひどかったことになるのですが、この状態になった店舗は「被災店舗」として、早期に復旧して営業を再開させます。

といっても、被害がひどい場合には自力での復旧は難しいので、チェーン本部が復旧に必要な人的、物的、金銭的なさまざまな支援を施すことになります。

たとえば、ファミリーマートでは、東北と北関東で約300店舗が被災しました。被災した店舗の内外を清掃したり、商品を陳列しなおしたり、店舗スタッフの不足を補ったりするために、約2カ月半の間に延べ1000人の本部社員を派遣しました。社員の宿泊旅費だけで1億円を超えたそうです。

これと並行して、ファミリーマートは、店舗が全壊または半壊した加盟店オーナーには一律100万円を見舞金として現金で支給したり、「最低保証制度」（※）を拡大運用して保証額を支払ったり、さらに、生活必需品が逼迫《ひっぱく》した加盟店のオーナーやスタッフには食料品なども配りました。

また、サークルKサンクスは、被災店舗のオーナーに、希望すれば社員として雇用し、店舗再建までの1～2年間を近隣店で働けるようにしました。

このように、チェーン本部の復旧支援は、単に物理的に店舗を営業できるようにするだけに留《とど》まりません。店舗オーナーやスタッフの生活にまで及びます。彼らが生活を維持できなければ、店舗の営業再開どころではないからです。

どのチェーン本部も、被災店舗を抱えたところは、同様に懸命な支援を行ないました。それによって、当初には２０００店舗を超えた被災店舗も、５月末には９割以上が営業再開にこぎつけたのでした。

しかし、残念ながら、津波で店舗が流されたり、福島第一原発の事故によって営業停止を余儀なくされたり、再開不能な店舗もありました。

（※）最低保証制度とは、コンビニのチェーン本部と加盟店との契約のなかで、加盟店の年間総収入が、あらかじめ決めておいた最低額を下回ったとき、差額分をチェーン本部が保証する制度。ファミリーマートでは24時間営業店の最低保障額は２０００万円。この12分の１の金額を震災のあった３月と翌４月に支払った。通常、年間の総収入が２０００万円を超えると、超えた分については本部に返還することになるが、今回は本部への返還も必要なしとした。

コンビニの災害支援

コンビニが、これほどまでに店舗の営業再開にこだわるのは、小売業として〝ライフライン〟を守るという使命感があるからです。

ライフラインとは、一般的に電気、ガス、水道、交通、通信などの生活に関わるインフラ設備を指しますが、〝小売業として〟という場合には、同じく生活に欠かせない食料品や日用雑貨などの必需品を供給することを指します。

本来、小売業による必需品の供給も、一般的なインフラ設備が整っていないとできないことですが、大手小売業の多くはチェーンストアの強みを活かして、独自に被災店舗の復旧を支援するとともに、被災地に支援物資を届けました。

支援物資の提供についても、各チェーン本部の対応は、非常に早いものでした。主要なチェーンは、震災当日のうちに支援物資を送る準備に入りました（図表1―1）。

セブン‐イレブンは、なかでも速さを優先して、震災翌日の3月12日着で、各被災地の対策本部に物資を届けています。そのために、一部でヘリコプターもチャーターしました（図表1―2）。ローソンも、日本航空（ＪＡＬ）や自衛隊機と連携して、空から物資を運びました。到着日を確実にするには、この方法しかなかったからです。

一方、ファミリーマートは、長く支援を続けました。12日から17日まで5回にわたって、各地の配送拠点から被災地に向けて物資を積んだトラックを走らせています。

サークルＫサンクスは、他チェーンよりも多くの支援物資をチェーンの本拠地である名古屋から送り出しました。

図表1-1　東日本大震災関連の主な事象とコンビニの主な取り組み(3月11日から2週間)

日 付	地震に関する主な事象	大手コンビニ各チェーンの主な取り組み
11日	本震発生(M9.0) 東北から関東の太平洋側に大津波 夕～首都圏で515万人の"帰宅難民"発生 都内の避難所利用者も約9万4000人	ファミリーマートは仙台市で東北6県と新潟県の「加盟店向け政策発表会」の最中 **東京、神奈川、埼玉、千葉で帰宅支援サービス** 「災害時における帰宅困難者支援に関する協定」を結んでいる自治体の要請に基づき、トイレ、水道水、道路情報などを提供 **大手各チェーンが被災地への支援物資を送る準備開始**
12日	福島第一原発1号機で爆発 総理が半径10km圏住民に避難指示 夕～半径20km圏に避難指示拡大 仙台市災害対策本部が食料・日常生活用品などを扱う店舗に営業要請	セブン-イレブン、ローソンが被災状況確認のために社員を派遣
13日	被災者救済に自衛隊10万人体制 各国の救援チーム続々被災地入り	**各チェーン店頭で「東北地方太平洋沖地震の義援金募集」開始** ローソン「被災地店舗への商品供給を最優先」と宣言 **各チェーン店頭で当夕から"自主節電"を開始** セブン-イレブンは東北・東京電力管内→3/18被災地除く全店に拡大、ローソンは被災地除く全店、ファミリーマートは全店
14日	福島第一原発3号機で爆発 東京電力の計画停電始まる	計画停電地区の営業は、セブン-イレブン:基本的に昼夜開店、 ローソンとファミリーマート:日中は開店し夜間は防犯のため閉店
15日	福島第一原発4号機火災 福島、茨城で放射線量の値上昇 30km圏住民に屋内退避指示 静岡県東部でも地震	**大手コンビニ被災地の営業状況が徐々に判明** セブン-イレブンは最大約600店舗の営業休止店が320店まで縮小、ファミリーマートで最大約300店舗が110店まで縮小、ローソンは全体の85%の店舗が営業 ファミリーマートが海外店舗で義援金募集開始
16日	東北電力も計画停電開始 宮城県警によると11日から13日まで県内でコンビニや飲食店などの窃盗事件が21件→震災便乗窃盗日を追って増加	ファミリーマートが青森の店舗へ海路で日糧パン(北海道)供給
17日	蓮舫大臣が都内のコンビニ(千代田区のセブン-イレブン)へ品薄状況を視察	
18日		
19日	福島県産牛乳、茨城県産ホウレン草から暫定規制値超えの放射線量を検出	セブン-イレブンが海外店舗(世界11ヶ国)で店頭募金活動開始
20日	栃木・群馬県産の野菜も規制値超え	
21日	政府が規制値超え農産物の出荷停止	
22日	東京都が金町浄水場から高濃度の放射性物質を検出	ファミリーマートが台湾の店舗でおにぎり1個につき1元の義援金開始 ミニストップ仙台東臨時センター稼働
23日	東京都など乳児へ飲料水配布	**大手コンビニ被災地の約8割の店舗が営業するが品不足深刻**
24日	東北自動車道等交通規制の全面解除 福島第一原発で作業員被曝し病院搬送	ローソン Ponta & LAWSON ネットで米穀購入時ポイント3倍分を支援開始
25日	農水省ミネラルウォーター生産拡大要請 震災死者1万人超え(警察庁調べ)	
26日	被災地での宅配便のコンビニ受付再開	ミニストップが宮城・福島の店舗へセイコーマートのPB牛乳を供給

地震関連の主な事象はマスコミ、コンビニの主な取り組みは各社リリースから作成

図表1-2　東日本大震災での大手コンビニ各チェーンの緊急支援物資の提供

		セブン−イレブン	ローソン	ファミリーマート	サークルKサンクス	ミニストップ
第1回	日　付	3月12日着	3月13日（埼玉発）	3月12日（静岡発）	3月12日（新潟発）	3月12日着
	届　先	宮城県災害対策本部	宮城県災害対策本部	純情米いわて流通課（盛岡）	岩手県災害対策本部	青森・宮城・福島各対策本部
	救援物資	ミネラルウォーター2L×3万本、菓子パン×1,000個、バナナ×1,080ケース	ミネラルウォーター2L×5,760本、カップラーメン×4万個、箸、乾電池、使い捨てカイロ、マスク	ゼリー飲料×390食、菓子×306食、カップラーメン類×831食	菓子（チョコレート、スナック菓子など）×約3万個	ミネラルウォーター2L×1万1,520本、菓子パン×6,000個
	届　先	仙台市災害対策本部		八戸市役所管財課		
	救援物資	毛布×90枚		ゼリー飲料×384食、菓子×312食、カップラーメン類×996食		
	届　先	福島県天栄村役場				
	救援物資	ミネラルウォーター2L×1,728本				
第2回	日　付	3月12日～13日着（一部ヘリ）	3月14日着（JAL便）	3月13日（埼玉発）	3月12日（名古屋発）	
	届　先	宮城県と岩手県の災害対策本部	青森県災害対策本部（八戸）	同社郡山常温センター	福島県災害対策本部	
	救援物資	毛布×1万枚、そのまま食べられるセブンプレミアムごはん200g×4,800個	手巻おにぎり×1,450個	霧島天然水500ml×1万4,400本、カップラーメン×4,800食	ミネラルウォーター500ml×1万4,400本	
	届　先	宮城県災害対策本部	茨城県災害対策本部		宮城県災害対策本部	
	救援物資	給水車×1台	おにぎり×1万8,550個、パン×1万個		お茶500ml×3万6,000本、カップ麺×8万6,000個、レトルトカレー×3万食、マスク×90万7,200枚、毛布1,000枚	
	届　先	郡山市役所				
	救援物資	食パン×4,225袋、ロールパン×1,693袋				
第3回	日　付		3月15日着（一部JAL便）	3月15日（埼玉発）	3月12～13日（名古屋発）	
	届　先		岩手県災害対策本部	塩竈市役所	岩手県災害対策本部	
	救援物資		パン×2万4,000個	ミネラルウォーター1.5L×1,680本、カップラーメン×1万食	ペットボトル紅茶×2,688本、缶コーヒー×3,600本、ミネラルウォーター×8,064本、パン×4,000個	
	届　先		福島県災害対策本部（福島）			
	救援物資		パン×1万個			
	届　先		福島県災害対策本部（郡山）			
	救援物資		おにぎり×2万5,000個			
第4回	日　付		3月18日着（一部自衛隊機）	3月16日（愛媛発）		
	届　先		宮城県災害対策本部	同社福島センター		
	救援物資		①おにぎり×2万個、パン×1万1,000個、②おにぎり×1万個	白米×510kg		
第5回	日　付			3月17日（札幌発）		
	届　先			岩手産業文化センター		
	救援物資			カップ焼きそば×480個		

各チェーンのリリースから作成

各チェーンとも、被災各地の対策本部と連絡を取り、その意向に添っての支援でした。どのチェーンも被災店舗を抱えながら、その復旧支援と同時に、被災住民の支援も行なったのです。

もっとも、これはコンビニだけに限りません。スーパーマーケット、ホームセンター、ドラッグストアなどのチェーンストアでも、被災店舗の復旧と同時に、支援物資の提供をしています。また、小売業が物資の提供をしたのに対して、飲食店などのチェーンには〝炊き出し〟を行なったところもありました。

さらに、コンビニチェーンでは、募金活動にも取り組みました。

これも、主要なチェーンは震災の翌々日には開始しています。普段から、コンビニのレジ横では見掛けることの多い募金箱ですが、このときは、実際に募金された方も多かったのではないでしょうか。

セブン-イレブン、ファミリーマートなど海外にも店舗を展開しているチェーンは、海外店舗でも同様の募金活動を行ないました。ローソンは、共通ポイントカード「Ｐｏｎｔａ」を活用した募金活動も企画しました。

ローソンでは、災害時ごとに行なった救援募金の実績を公表していますが、東日本大震災のために集まった義援金は、震災の翌々日から4月末までの43日間で9億２８００万円を超えました。

それ以前の義援金の最高額は、2004年10月の新潟県中越地震のための約9400万円でしたから、ほぼ10倍の義援金が集まったことになります。

新潟県中越地震の際も、コンビニは支援物資を送りましたが、一部でヘリコプターを使いました（図表1―3）。

コンビニが送った支援物資の量からしても、新潟県中越地震の被害の大きさは察せられます。さらに、東日本大震災では、その新潟県中越地震の十数倍にも上る支援物資が送られました。

店頭に商品がない！

コンビニの各チェーンが取った行動は、迅速

図表1-3 過去の震災時におけるコンビニの支援物資の提供

年	月日	地震名	支援物資の内容
2004年	10月23日	新潟県中越地震	お弁当:1,000個、おにぎり:229,800個、パン:546,000本、即席麺:9,000個、水:12,500本、野菜ジュース:5,000本、カイロ:25,000個、ウエットティッシュ:1,000個、割箸:8,000個他（ヘリコプターによる輸送あり）
2005年	3月20日	福岡県西方沖地震	おにぎり:5,000個、即席麺:2,000個、水:3,600本、割箸:2,000個
2007年	3月25日	能登半島地震	お弁当:600個、おにぎり:10,400個、パン:400個、即席麺:4,460個、水:6,000本、ウエットティッシュ:120個、割箸:4,000個、レジ袋:4,000枚
	7月16日	新潟県中越沖地震	お弁当:4,000個、おにぎり:296,000個、パン:216,000個、即席麺:4,428個、水:92,864本、ウエットティッシュ:960個、割箸:4,000個、レジ袋:4,000枚
2008年	6月14日	岩手・宮城内陸地震	おにぎり:22,600個、パン:500個、即席麺:530個、お茶:1,200本

日本フランチャイズチェーン協会資料より

なものでした。初動では、主要チェーンともに発震から5～10分以内に対策本部を設立しています。これまで培《つちか》ってきた災害時体制（マニュアル）の賜物《たまもの》です。

ところが、東日本大震災では、多くの人が店に行ったのに「店頭に商品がない！」という状況を目《ま》の当たりにしました。

そう〝品不足〟という深刻な問題が起きたのです。特に、震災から10日を経て、やっと被災店舗の約8割が復旧したというのに、十分な商品が確保できず、営業時間の短縮を余儀なくされた店舗もありました。

原因はいくつか挙げられます。被災したのは店舗だけではありません。コンビニ弁当や総菜などをつくっている工場、できた商品を地域や店舗ごとに仕分けする物流センターも被災しました。津波で流された物流センターがある一方で、物流センターは残って商品も無事だったにもかかわらず、配送車が流されて商品を運べない状態になったところもありました。

また、コンビニの手巻おにぎりでご飯と海苔《のり》との間に挟むフィルムとか、ペットボトルのフタなど、商品の包装に必要な資材工場も被災して、商品を完成させられないという事態も起こりました。

被害地域が広範囲にわたったため、関東地方でも、東京湾沿岸部の工場は液状化現象から建物が傾き、稼働できなくなったところもありました。

さらに、東京電力管内の計画停電も追い打ちを掛けました。

これまでの災害対策では、被災地域の工場や物流センターに代わって、隣接した地域の工場や物流センターがフル稼働して、商品供給を補うことになっていました。しかし、電力が止まっては、それもままなりません。

被害の大きかった東北地方だけでなく、関東地方でも、店頭での品薄状態が長らく続きました。

コンビニでは、弁当や総菜などの日持ちのしない商品を扱っているため、こうした商品の鮮度を考え、1日3回に分けて、つくりたてを店舗へ配送しています。

その他の商品についても、30坪程度の狭い店内に2800〜4000品目の数多くの商品を揃えているため、店舗の在庫量は最少にして、必要なときに、必要な量だけ補充する物流システムを築いてきました。

必要なときに必要な量だけという意味から〝ジャスト・イン・タイム〟、小さな単位に分けて何度も運ぶという意味から〝多頻度小口《たひんどこぐち》〟の物流システムと言われます。

このシステム原理は、自動車産業と同じです。やはり、東北地方の部品メーカーの工場が被災して、他の地域にある自動車の組立てラインが止まるという問題が起こりました。

今後も、製造や物流のラインが止まってしまうような大災害がいつ起こるともしれません。災害時に備えて、店舗で在庫をもっと抱えるべきではないか、といった問題提起もされています。

この問題を考える前に、震災の被害による〝品不足〟の事態に対して、コンビニはどう対処をしたかを見てみましょう。

〝品不足〟にどう対応したか

実は、コンビニの根幹ともいえる情報システムも、大きな被害を受けました。

地震や津波で通信回線や関連設備が壊《こわ》れたうえに、長時間停電したことで、チェーン本部と各店舗の情報ネットワークが切断されてしまいました。これまでの震災時には1日もあれば復旧できたシステムが、長期かつ広範囲に止まったのです。

しかし、店舗の営業を継続することが最優先ですから、停電や通信ネットワークの損壊くらいで営業停止はあり得ません。

POSレジが使えなくても、バッテリーで稼働するハンディターミナル（携帯端末）を使って、その電源も切れたら電卓を使って、商品を販売します。夜の帳《とばり》が下りても、車のヘッドライトで店内を照らしたり、懐中電灯を使ったりして営業は続けられます。

東日本大震災では、代金は後日、支払いに来てくれればいいとして、お客にほしい商品を持ち帰ってもらったコンビニ店舗もありました。ノートに住所氏名など書いてもらった店舗もあれば、全くフリーに商品を持ち帰らせた店舗もあったようですが、どちらも後日、ほとんどのお客が感謝の言葉とともに、代金を支払いに来たと聞いています。

問題は、商品の不足です。売る商品があるから、さまざまな困難を乗り越えても営業するのであって、商品がなければそもそも店舗を開ける意味さえありません。

被災工場や物流センターの復旧は、被災店舗の復旧以上に手間取りますし、原材料や包装資材の調達、輸送手段や燃料の確保も非常に困難を極めるものでした。

こうしたなかで、セブン‐イレブンは、調達困難な原材料を割り出す一方で、いま増産が可能な弁当や総菜などのメニューに絞り込んで、商品をつくりました。

セブン‐イレブンでは、原材料と包装資材について、商品ごとに調達先とその種類や量を一元的に管理しているので、たとえば仕入先が東北地方で供給困難になったものは何かなどを即座に把握できました。

店頭で、弁当の種類は少ないけれど、商品がないという状態を避けようとしたのです。

また、被災工場に代わって増産分を受け持つ工場を隣接地域だけでなく拡大しました。といっても、弁当や総菜など日持ちのしない商品は遠くからは運べません。

そこで、長野・山梨地区の工場で増産した商品を被災した福島・北関東と同時に、被災していない北陸・新潟地区へ送り、北陸・新潟地区も増産していましたが、送られた分まで多くの商品を被害のひどい東北に運んだのです。この仕方が、まるで玉突きに似ていることから〝玉突き物流〟と呼ばれました。

さらに、被災していない北海道から、ファミリーマートが青森県の店舗へパンを供給したり、ミニストップが宮城・福島県の店舗へセイコーマートのＰＢ（プライベートブランド）牛乳を導入したりしました。

ミニストップの競合チェーンのＰＢを導入するという施策は、出店地域のかぶらない東北だけとはいえ、柔軟な対応に注目が集まりました。

首都圏コンビニの震災対応

首都圏にも、震災は大きな混乱をもたらしました。震災当日は、鉄道がすべて不通になって、道路も大渋滞したので、自宅に帰り着けなかったり、帰り着くまでに何時間も掛かったり、いわゆる〝帰宅難民〟が市街に溢《あふ》れました。その数は、内閣府によると、首都圏だけで５１５万人に達しました。また、自治体が用意した避難所を利用した人も、都内だけで９万人を超えました。

コンビニ店舗では、棚から落下した商品が床に散乱したり、なかにはビンが割れて中身が飛び散ったり、おでんのつゆが床にこぼれたりといった被害はありましたが、すぐに片付け、ほぼ営業を続けました。

住宅街の店舗は、発震直後から来店客が増えました。いつもより買い物する量も多くなり、ATMからお金を引き出すお客の姿も目立ちました。

オフィス街の店舗には、会社などに泊まり込むと見られるお客が、食料や酒類を買い出しに来ました。

幹線道路に面した店舗では、夕方から徐々に店前を行く人が増えて、一時はラッシュ時のような混みようになりました。歩いて帰宅する人たちです。当然に店舗に寄って食べ物や飲み物を調達していきますので、店内も相当に混み合いました。

店舗スタッフのひとりは、息つく暇なく働いて、気が付くと深夜を回り、商品棚もガランとしていたと話します。

それでも、翌日までは、渋滞の影響で少し納品の遅れたところもありましたが、ほぼ発注通りの商品が店舗に届けられました。

震災の翌々日くらいからです。店舗の多くが、納品量がガクンと落ちたと感じました。聞けば、発注量を通常の1・5倍から2倍に増やしていました。なぜなら、来店客が増え、買い物の量も増えたからです。

震災の影響で供給量が低下しているところへ、通常以上の発注量が来たのですから、物流システムも混乱しました。

しかし、災害などの緊急時に、消費者の需要が増えるのは知られていることです。いわゆる〝自己防衛本能〟に近い感覚ではないかと思います。甚大な被害を目の当たりにし、余震の続くなかで先の見えない恐怖と不安に、自己防衛本能は否応なく高まるはずです。

東京都の浄水場から高濃度の放射性物質が検出されたことが発表されたときも、ミネラルウォーターを求める人で、店内が殺気立つほどでした。その後もしばらくは、入荷するとすぐに売り切れました。

このとき、首都圏でのミネラルウォーターの購買量は、1世帯平均で通常の2・5倍に跳《は》ね上がりましたが、それから1年にわたって高止まり状態が続いたのです。

震災から数カ月も経つと、ダンピング販売する小売が現われ、需要の反動を理由に挙げていましたが、需要が落ちたのではなく、各社が熱心に商品調達した結果、需要以上に供給量が増えたというのが本当の理由でしょう。

商品の新規ルート開拓

コンビニが、東北から首都圏に掛けての広範囲で起こった〝品不足〟に対して取った行動は、大きく分けるとふたつでした。

ひとつは、チェーン本部の商品調達で、既存のルートにこだわらず、即座に新規ルートを開拓したことです。そのルートも国内に留まらず、海外へと広げられました。

たとえば、ローソンは、三陸の被災を知ると、すぐに定番商品の「わかめごはんおにぎり」のワカメの調達先をこれまで取引のない中国に求めました。国内のワカメ生産量の8割は三陸ですから、三陸産が無理なら海外しかありません。商品パッケージから「三陸産わかめ使用」の文字は消えましたが、定番商品は守られました。

セブン‐イレブンは、ミネラルウォーターの品薄発生後1カ月ほどの短期間のうちに、台湾のセブン‐イレブンで販売しているオリジナル飲料水を日本の店頭に並べました。海外調達でもグループ力を活かしたのです。

このように各チェーンの取り組みを見ていけば、柔軟な発想で迅速に行動したことが分かります。それは、供給する商品を定番品や必需品に絞り込んだ点でも発揮されたと言えましょう。絞り込むことで供給量を確保したわけですが、ここにも現代では当然の〝多品種少量〟発想の切り替え、供給商品の取捨選択などで即時の判断がありました。

商品の供給と同じことが、被災した工場や物流センターを代替する施設探し、配送車やその燃料を確保するための新たなルート開拓でも行なわれました。

こうしたなかで分かったのは、工場や物流センターは集約させるより、分散したほうが、リスク軽減につながるということでした。

情報システムも同様です。データセンターを同時に被災しない2カ所以上に分けて管理する企業が増えています。

分散型の代表例にインターネットがあります。クモの巣状にネットワークを張り巡らしているため、東日本大震災でも、電話回線が不通になったのとは対照的に、インターネットは使えました。

店内調理とリスク分散

もうひとつ、品薄状態を補うために、各店舗では店内調理の商品をいつもより多めにつくりました。

たとえば、ミニストップでは、店内調理の「手づくりおにぎり」が、首都圏の店舗でお客に喜ばれたそうです。手づくりおにぎりは2009年から実験し始めた同チェーンのFF（ファストフード）で、震災時には首都圏の約260店舗に導入されていました。

ミニストップは2013年度中に手づくりおにぎりの全店導入を目指していますが、災害時の対応にも効果的と、米穀の店舗在庫量を倍増するといいます。

他のチェーンでも、カウンター上で揚げもの等のＦＦを販売している店舗では、震災時につくり置き量を増やして凌《しの》いだところは多かったようです。

店内調理のＦＦ材料は、他の商品に比べて店舗での在庫量が比較的多いために、納品の遅れた商品に代わって役立ったのです。

そのなかでも最も喜ばれたのが、おにぎりでした。東北地方で、あまりに商品が少ないことを苦にしたオーナー夫妻が、自ら炊飯しておにぎりを握って配ったところ、温かいご飯に飢えていたお客から歓喜の声が上がったという話も聞きました。

本来、店内調理の商品販売では衛生管理が問われます。特におにぎりは、菌が繁殖しやすいために厳しい管理が求められますが、災害時の善意を誰が否定できましょう。

ローソンでも、店内調理のおにぎりの導入を進めています。やはり、震災時におにぎりが喜ばれたことも念頭にあるようですが、一方で、物流センターからの商品配送が、いざ災害時に、システム混乱、渋滞、燃料不足などの不測の事態によって時間の掛かるのを補うことができます。

見方を変えれば、店舗在庫を最小限にしてきたコンビニも、部分的ながら、災害時に備えて、在庫を抱えることにしたと言えなくもありません。

しかし、先述した〝ジャスト・イン・タイム〟の修正とまでは言えないでしょう。在庫量を増やせば、平時でのリスクは高まるからです。といって、極端な〝多頻度小口〟もコストが掛かりますので、適正な在庫量をどう図るかの問題になります。

東日本大震災を経験して、コンビニが根本的に変わるとすれば、情報や物流などシステムの分散化、柔軟で迅速なルート開拓のあり方のほうでしょう。

2 きっかけは阪神・淡路大震災

コンビニの災害時協定

コンビニチェーンの多くは、店舗を出店している地域の自治体と「災害時における帰宅困難者支援に関する協定」を結んでいます。

協定の具体的な内容は、災害時に帰宅途中の人が立ち寄ったとき、①トイレを貸したり、②水道水を提供したり、③地図やラジオによる道路情報などを提供することです。

この3つの内容は、現在、コンビニ各チェーンが加盟する日本フランチャイズチェーン協会（JFA）によって、加盟チェーンが揃って、各出店地域の自治体と協定を結ぶことで、一致しています（図表1―4）。

JFAへの加盟チェーンであれば、出店地域の自治体ともれなく協定を結んでいることになりますが、ちゃんと目印もあります。店舗の入口横に貼られた「災害時帰宅支援ステーション」のステッカーです（左・表の下のマーク）。

東日本大震災のときに、帰宅困難者になって気づかれた方もいらしたでしょう。実際に、協定内容の支援を受けられた方もいたかもしれません。

図表1-4　災害時の帰宅困難者支援協定の締結状況 2012年4月現在

自治体名	締結年月	セブン・イレブン	ローソン	ファミリーマート	サークルKサンクス	ミニストップ	デイリーヤマザキ	セイコーマート	スリーエフ	ポプラ	ココストア	国分グローサーズ
北海道	2008.12.	★	★	★	★			★				
青森県												
岩手県												
宮城県												
秋田県	2012.1.		★	★	★		★					
山形県												
福島県	2011.2.	★	★	★	★	★	★				★	
茨城県												
栃木県												
群馬県												
（九都県市）	2005.8.	★	★	★	★	★	★		★	★	★	★
埼玉県、千葉県、東京都、神奈川県、横浜市、川崎市、相模原市、千葉市、さいたま市												
新潟県												
富山県	2011.11.	★	★	★	★		★			★		
石川県	2010.9.	★	★	★	★		★			★		
福井県												
山梨県	2012.2.	★	★	★			★					
長野県	2008.7.	★	★	★	★		★					
岐阜県	2006.7.	★	★	★	★	★	★				★	★
静岡県												
愛知県	2005.6.	★	★	★	★	★	★				★	★
（関西広域）	2005.2.	★	★	★	★	★	★		★	★	★	★
三重県、滋賀県、京都府、大阪府、兵庫県、奈良県、和歌山県、徳島県、大阪市、京都市、神戸市、堺市												
鳥取県	2009.3.		★	★						★		
島根県	2009.3.		★	★						★	★	
岡山県	2007.1.	★	★	★	★		★			★	★	
広島県	2006.11.	★	★	★	★		★			★	★	
山口県												
香川県	2008.6.		★	★	★	★	★			★		★
愛媛県	2011.10.		★	★	★	★	★		★	★		
高知県	2010.1.		★	★	★				★			
福岡県	2006.9.	★	★	★		★	★			★	★	
佐賀県	2006.11.	★	★	★		★	★			★	★	
長崎県	2009.11.	★	★	★			★				★	
熊本県	2010.1.	★	★	★	★		★			★	★	
大分県	2007.3.	★	★	★		★	★			★	★	
宮崎県	2010.5.	★	★	★							★	
鹿児島県	2010.9.	★	★	★	★						★	
沖縄県	2011.1.		★	★							★	

（社）日本フランチャイズチェーン協会資料より

「災害時における帰宅困難者支援に関する協定」の対象店舗に貼付されている「災害時帰宅支援ステーションステッカー」（各自治体が配布している）

もっとも、帰宅困難者が首都圏だけで500万人以上となったのは、予想外の多さだったようです。

というのも、内閣府と首都圏の自治体でつくる「首都圏直下地震帰宅困難者等対策協議会」で見直しが進んでいるからです。

同協議会によれば、首都圏直下型地震の際の帰宅困難者は650万人と、東日本大震災以上の数が予測されます。

多くの人が一斉に帰宅しようとすると、各地で混雑が発生してかえって危険ということで「むやみに移動せずにその場に留まる」ことが基本方針に掲げられました。

具体的には、職場や学校、収容人員の多い施設や大型ビルなどに一時待機して、家族と安否の確認をし合い、時間差で帰宅するというものです。そのため、企業や学校には従業員や生徒たちが一定期間滞在できるだけの備蓄を促し、一方で、収容力のあるビルや施設の所有者には帰宅困難者の受け入れを打診し始めました。

もちろん、コンビニ店舗の「災害時帰宅支援ステーション」の役割に変化はありません。

東日本大震災では、帰宅困難者が店内に溢れ返った店舗もありましたが、時間差帰宅になれば、帰宅困難者への対応はしやすくなりそうです。

災害時協定から包括的協定へ

コンビニ各チェーンが出店地域の自治体と締結している協定は、帰宅困難者支援だけではありません。

コンビニが自治体と締結している協定について遡《さかのぼ》ってみますと、1996年4月に、ファミリーマートが静岡県と締結した「災害救助に必要な物資の調達に関する協定」に行き当たります。次いで1998年3月に、ローソンが奈良県奈良市と「災害時における物資の調達に関する協定」を締結しています（図表1―5）。

どちらの協定も、災害時の物資（食料品や日用品などの生活必需品）の調達や確保を目的としています。

図表1-5　大手チェーンの災害時支援に関する提携初期の主な動向

1996年	4月	ファミリーマートが静岡県と「災害救助に必要な物資の調達に関する協定」締結 →2009年12月に「地域活性化に関する包括連携協定」締結で災害時対策事項を内包
1998年	3月	ローソンが奈良県奈良市と「災害時における物資の調達に関する協定」締結
2003年	3月	ローソンが日本航空（JAL）と「災害時における物資の調達に関する協定」締結
	8月	ローソンが和歌山県と「地域協働事業の実施に関する協定」（包括協定）締結 →2004年2月に「防災関係の協働事業に関する協定」締結
	12月	ローソンが長野県と「災害救助に必要な物資の調達に関する協定」締結 →2007年9月に「包括的連携に関する協定」締結（災害対策を含まない） →同年11月にセブン-イレブンが長野県と「地域活性化包括連携協定」締結（災害対策を含む）
2004年	3月	セブン-イレブンが和歌山県と「地域協働事業の実施に関する協定」（包括協定）締結 （協定内容の地域貢献のひとつとして災害対策での協力を内包）
		ファミリーマートが大阪府、大阪市と「災害時における帰宅困難者支援に関する協定」締結
	11月	ローソンが徳島県と「帰宅困難者支援に関する協定」締結
		ファミリーマートが滋賀県と「災害時における応急生活物資の供給および帰宅困難者への支援に関する協定」締結
		→2005年2月に関西広域連携協議会（現：関西広域連合）とJFA加盟チェーンで「災害時の帰宅困難者支援協定」締結（当時：近畿2府5県4政令指定都市）
2005年	1月	ローソンが東京消防庁と「大規模災害発生時及び広域消防応援時の物資調達に関する協定」合意
	10月	ローソンが日本郵政と「災害対策に関する相互協力協定」締結 →2002年12月に郵政事業庁（当時）と業務提携、2003年1月に全店に郵便ポスト設置 →2008年2月に総合的提携へと発展（両社のネットワーク活用）

また、締結の時期から、1995年の阪神・淡路大震災を教訓にしていることも推察できそうです。阪神・淡路大震災は早朝に起きたので、帰宅難民の問題よりは、物資の調達や確保のほうが先に念頭に浮かんだことでしょう。

その後、2003年8月にローソンが和歌山県と「地域協働事業の実施に関する協定」を締結しました。この協定で、地域協働事業に挙げられたのは、①災害対策または治安対策等地域に貢献すると認められる事業、②県産品の活用促進に寄与すると認められる事業、③その他県政の推進に寄与すると認められる事業の3分野でした。

災害時の対策でなく、普段の治安対策から県産品の活用、県政の推進への寄与（たとえば、観光パンフレットやチラシを設置）するなどを盛り込んだ点で、「包括的協定」と呼ばれるようになります。

ローソンと和歌山県の取り組みは最初の「包括的協定」として話題になりましたが、このとき、地場の紀州材を使った木造の店舗を建てたことでも注目を集めました。

翌2004年2月、ローソンは和歌山県と「防災関係の協働事業に関する協定」を締結します。このなかで、物資の調達とともに帰宅困難者への対策を盛り込みました。

同時期に、ファミリーマートは大阪府、大阪市と「災害時における帰宅困難者支援に関する協定」を締結しました。

つまり、コンビニ各チェーンと自治体との協定には、大きく分けて、災害時の「物資の調達（確保や供給）」と「帰宅困難者支援」、地域産品の活用や地域活性化などを踏まえた「包括的協定」の3つがあることになります。

阪神・淡路大震災をきっかけとして、今後の災害時対策に、物資の調達と確保を目的に協定が結ばれました。その協定内容が包括的に向かうなかで、帰宅困難者支援の問題も出てきたと見ることができそうです。

包括的協定の分野拡大

コンビニ各チェーンと自治体が締結している3つの協定のうち、「帰宅困難者支援」に関するものは、2005年以降、JFAに加盟するチェーンが一緒に、出店する地域の自治体と協定を結ぶようになります。

2005年は、第3章で述べますが、JFAとして地域の安全や安心に貢献するための「セーフティステーション活動（SS活動）」を本格的に開始した年です。

「帰宅困難者支援」も、SS活動のひとつに加えられたことで、JFA加盟チェーンが一緒に協定締結するようになったのですが、これによって、帰宅困難者はコンビニチェーンを選ばずに、一律に同じ内容の支援を受けることができるようになりました。

一方、同じ災害時の協定でも、「物資の調達や供給」に関する協定は、各チェーンと各自治体との間で個別に結ばれています。

協定の内容は、災害時に、食料品、飲料水、日用品などの物資を協定締結先の自治体の要請に従って、調達・供給するものです。コンビニチェーンが普段から取り扱っている商品の範囲内で、自治体の要請がチェーンによって大きく異なるものではありません。

しかし、各チェーンの自治体での店舗展開の態様は異なります。出店数の多少もそうですが、物流センターなど商品配送の拠点、コンビニ弁当やおにぎり等の製造工場のキャパシティなども異なるので、自治体から一律に物資の調達要請を受けることはできないのです。

各自治体では、各チェーンと定期的に、災害時を想定して、物資調達の訓練もしているようです。

さらに、「包括的協定」になりますと、地域産品の活用、地域の活性化に向けた施策などの分野が加わり、各チェーンの商品開発や集客手法といった経営戦略や具体的な戦術にも直結するために、競合する他チェーンとはちょっと協働しにくくなります。

「包括的協定」の内容も、先述したように、ローソンと和歌山県との最初の協定では3分野でしたが、その後に結ばれるコンビニチェーンと自治体との包括的協定では、分野が拡大したり、細分化されたりして、増える傾向が見られます。

これまで見聞しているなかで、最も数多くの分野が盛り込まれているのは愛知県と各チェーンとの「包括的協定」です。セブン-イレブン、ローソン、ファミリーマートとは各16分野、サークルKサンクスとは17分野にも及びます。

いったいどんな内容なのでしょう。サークルKサンクスとファミリーマートを比べてみました（図表1-6）。

協定の名称、その目的は同じでした。協定の内容も、文言が若干異なるものの、趣

図表1-6　愛知県と各チェーンとの「連携と協力に関する包括協定」

	サークルKサンクス	ファミリーマート
締結年月	2009年5月	2010年2月
協定目的	緊密な相互連携と協力による活動を推進し、地域のニーズに迅速かつ適切に対応し、県民の安心・安全の向上と地域の活性化を図ること。	緊密な相互連携と協力による活動を推進し、地域のニーズに迅速かつ適切に対応し、愛知県民の安心・安全の向上と地域の活性化を図ること。
協定内容	(1) 地産地消に関する商品の販売に関すること。 (2) 地域の農林水産物、加工品、工芸品の販売、活用に関すること。 (3) 観光振興、観光情報に関すること。 (4) 健康増進、食育に関すること。 (5) 少子化対策、子育て支援に関すること。 (6) 高齢者・障害者支援に関すること。 (7) 中高年層・障害者の雇用拡大に関すること。 (8) 若年層の職業意識の醸成に関すること。 (9) 産学行政協同研究の取組に関すること。 (10) 青少年の健全育成に関すること。 (11) 災害対策に関すること。 (12) 地球温暖化対策など環境保全に関すること。 (13) 安全なまちづくり及び交通安全に関すること。 (14) スポーツ振興に関すること。 (15) 国際的なイベントに関すること。 (16) 地域経済団体等への加入促進及びその活動への協力に関すること。 (17) その他、県民サービスの向上・地域社会の活性化に関すること。	(1) 地産地消に関する商品の販売に関すること。 (2) 県産品オリジナル商品の開発・販売に関すること。 (3) 観光情報、振興に関すること。 (4) 健康増進、食育に関すること。 (5) 少子化対策、子育て支援に関すること。 (6) 高齢者・障害者支援に関すること。 (7) 起業・雇用機会の拡大に関すること。 (8) 若年層の職業意識の醸成に関すること。 (9) 青少年育成に関すること。 (10) 地域防災への協力に関すること。 (11) 環境対策・リサイクルに関すること。 (12) 防犯・交通安全に関すること。 (13) スポーツ振興に関すること。 (14) 国際的なイベントに関すること。 (15) 地域経済団体等への加入促進及びその活動への協力に関すること。 (16) その他、県民サービスの向上・地域社会の活性化に関すること。
災害時協定	「災害時における帰宅困難者支援に関する協定」（2005年6月締結） 「災害時における応急生活物資供給等の協力に関する協定」（2009年3月締結）	「災害時における徒歩帰宅者支援に関する協定」（2005年6月締結） 「災害時における応急生活物資の供給に関する協定」（2009年3月締結）

旨はほぼ同じです。1分野だけサークルKサンクスのほうが多かったのは「産学行政協同研究の取組に関すること」でした。

具体的には、学校などと協同して地元食材を活用した商品開発を実施することで、すでにサークルKサンクスには県内の高校生と一緒に商品開発をした実績があります。

また、この包括的協定では、サークルKサンクス、ファミリーマートともに、災害時の対策も含んでいます。具体的には、先に締結している「帰宅困難者支援」と「物資の調達や供給」に関する協定を確認する内容になっていました。

協定の範囲と実行力

コンビニチェーンが自治体と結ぶ「包括的協定」は個別のもので、各チェーンの店舗展開の態様や自治体が抱える問題意識によって内容が異なるようですが、だいたいは似通っています。

内容を整理してみますと、①地域産品の活用、②地域情報の発信、③地域の安全・安心、④子供・青少年の健全育成、⑤高齢者・障害者の支援、⑥健康増進・食育、⑥環境対策、⑦その他の地域活性化策への貢献を挙げている協定が多いようです。ここに、⑧災害時対策、⑨雇用の創出、⑩子育て支援、⑪観光振興、⑫スポーツ振興などの分野を盛り込む場合も見られます。

こうして、各チェーンと各自治体が結ぶ「包括的協定」の内容は10分野前後が多くなっています。

少し気になるのは、「包括的協定」のなかに災害時の対策を盛り込んだり、除いたりしている点です。〝包括的〟な協定なので、災害時の対策も盛り込んでおくべきようにも思われますし、災害時は普段の取り組みとは異なる臨機応変さが求められそうですから、切り離して別に協定を結んだほうがいいような気もします。

同じ自治体でも、チェーン

図表1-7　長野県と各チェーンとの包括協定

	ローソンとの協定（2007年9月締結）	セブン-イレブンとの協定（2007年11月締結）
協定内容	(1) 観光、特産品など地域ブランドの振興に関すること (2) 環境保全に関すること (3) 地産地消、食育に関すること (4) 地域の安全、安心の確保に関すること (5) 子ども、青少年の育成支援に関すること (6) 生活文化、住民サービスの向上に関すること (7) その他地域の活性化に関すること	(1) 地産地消及び県オリジナル商品の販売やキャンペーン実施に関すること (2) 県産の農林水産物、加工品、工芸品の販売、活用に関すること (3) 健康増進、食育に関すること (4) 高齢者支援に関すること (5) 子供、青少年の健全育成に関すること (6) 観光振興や観光情報の発信に関すること (7) 環境保全に関すること (8) 地域や暮らしの安全、安心の確保に関すること (9) 災害対策に関すること (10) その他、地域の活性化、住民サービスの向上に関すること
協定に基づき実施する事業例	・中部9県のローソンでの『信州フェア』の開催 ・県内141店舗での『長野県オリジナルエコバッグ』の配布 ・若者の就労体験をジョブカフェ信州と協力して受け入れ ・県の各種ポスターを店舗に掲出 ・障害者施設へ業務の一部を委託	・県産食材を使って開発された弁当・総菜等を販売する『信州道楽フェア』の実施 ・同フェア期間中に、セブン-イレブンのHP上で県産食材や観光情報等を発信 ・観光名所写真入り信州オリジナル『nanaco』カード（電子マネー）の限定導入 ・コンビニ業務の一部を障害者施設へ委託 ・若年者や学生の就労体験を受け入れ ・観光など県のPR活動への協力
今後の展開	(1) 定期的に協議の場を持ち、連携事業を追加 (2) 地域活性化等を目的とした、ローソン以外の企業やボランティア・NPO、地域コミュニティ等さまざまな主体との連携協力	(1) 定期的に協議の場を持ち、連携事業を追加 (2) 地域活性化等を目的とした、セブン-イレブン以外の企業やボランティア・NPO、地域コミュニティ等さまざまな主体との連携協力

によって対応が異なる例もあります。

長野県が2007年9月にローソンと結んだ「包括的協定」では、災害時の対策は含めませんでしたが、その後すぐにセブン‐イレブンと結んだ「包括的協定」には、災害時の対策を盛り込みました（図表1―7）。

自治体によっても、決まったパターンを設定していたり、それぞれに対応したり、いろいろあるようです。

もっとも、長野県と各チェーンとの「包括的協定」は、提携項目がローソンと7分野、セブン‐イレブンとは10分野となっていますが、具体的に実施した事例をみますと、各チェーンの戦略的な違いを除けば、若者の就労体験、障害者施設への業務委託など、地域社会への貢献では、ほぼ同様の対応がされています。

さて、自分の住んでいる自治体がどんなコンビニチェーンと、どんな協定を結んでいるのか、気になってきませんか。

協定の有無や内容を調べてからコンビニ店舗へ行けば、店頭に並んでいる商品やキャンペーンもこれまでとは違った観点で見ることができることでしょう。災害時の対応を含めて、一度確認してみることをお勧めします。

協定締結の増加と地域性

自治体とコンビニチェーンとの協定は、阪神・淡路大震災をきっかけに、災害時の「物資の調達や供給」から始まりました。

現在、47都道府県のすべてに出店しているローソン、ファミリーマートと各自治体との協定の締結状況をみると、ローソンが45道府県、ファミリーマートが43道府県と物資の調達と供給に関する協定を結んでいます。しかも、これらの協定の締結時期は2011年以前のものです。つまり、東日本大震災が起きる前に締結されました。

2000年代に入って、「包括的協定」も結ばれるようになります。2005年以降は、JFA加盟チェーンが一緒に、各自治体と災害時の「帰宅困難者支援」の協定を結ぶようにもなります。しかし、こうした協定のきっかけが阪神・淡路大震災だったとはいえ、2000年代前半までは、ポツリポツリとある程度でした。

特に、「包括的協定」は2003年8月にローソンが和歌山県と、翌2004年3月にセブン-イレブンが同じく和歌山県と結んだ後、しばらく「包括的協定」の締結はありませんでした。

2006年4月にローソンが三重県と「包括的協定」を結んだのを皮切りに、各地の自治体と結び始めますが、さらにしばらくはローソンだけでした。他のコンビニチェーンも含めて、「包括的協定」の締結が活発化したのは、２００8年に入ってからのことです。

また、こうした協定をコンビニチェーンと結んでいるのは、都道府県レベルの自治体に限りません。市町村といっても、いまのところ市だけですがコンビニチェーンと協定を結ぶところが増えています。

セブン-イレブンは、神奈川県下の5市をはじめとして全国で9市と、ローソンは札幌市など3市、サークルKサンクスは名古屋市と「包括的協定」を結んでいます。

災害時の「物資の調達や供給」に関する協定は、さらに多くの市が、コンビニチェーンと締結しています。東日本大震災以降には、特に市がコンビニチェーンと協定を結ぶ事例が増えているようです。

このように、自治体とコンビニチェーンとの協定が増えてきた背景には、コンビニチェーンが頼りにされるようになったこともあるでしょう。しかし、協定を締結したから安心というわけではありません。一旦災害が起きれば、協定の有無にかかわらず、コンビニチェーンは支援を惜しまないでしょう。せっかく協定を結ぶのですから、協定があって良かったと思いたいものです。

そのために、自治体は災害時の被害予測を綿密に行なって、その予測を踏まえた内容の協定をつくるべきです。すなわち、〝想定外〟を連発して対応が遅れないことです。

というのも、同じ地震による被害でも、東日本大震災と阪神・淡路大震災では、大きく異なるからです（図表1―8）。

地域によって、起こりうる被害は全く異なるものだという前提の上に、各地の協定は成り立っているでしょうか。

もっとも、震災の被害者には高齢者が多いという問題は、阪神・淡路大震災のときも指摘されました。このとき死者の約6割が60代以上でしたが、東日本大震災ではさらにその割合が増えま

図表 1-8 a　震災での死者の年代別割合

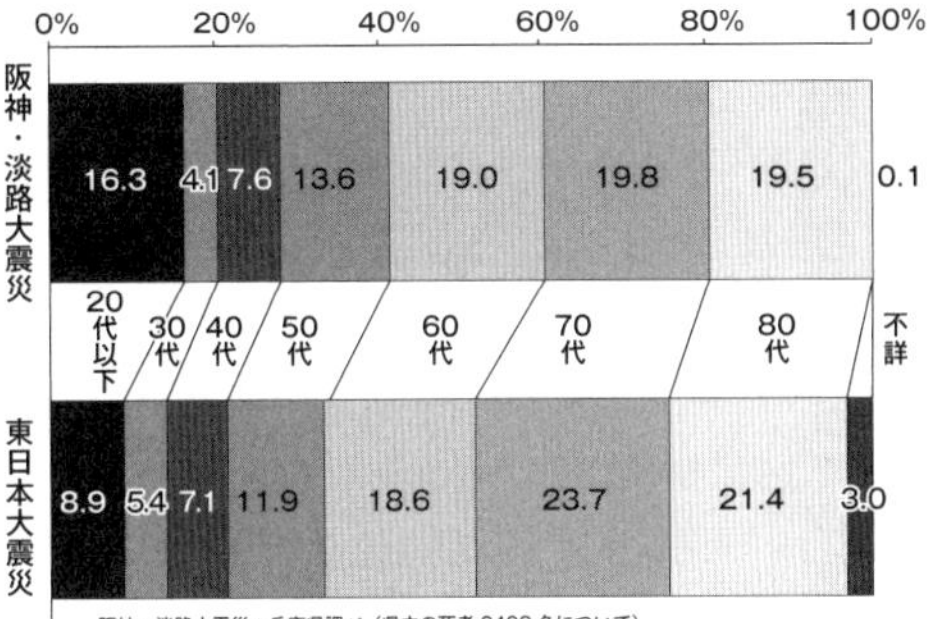

阪神・淡路大震災：兵庫県調べ（県内の死者 6402 名について）
東日本大震災：岩手県、宮城県、福島県の各県警調べ（3 県の死者 1 万 5786 名について）

図表 1-8b　震災での死因別の割合

● 阪神・淡路大震災　兵庫県調べ（関連死除く 5483 名について）

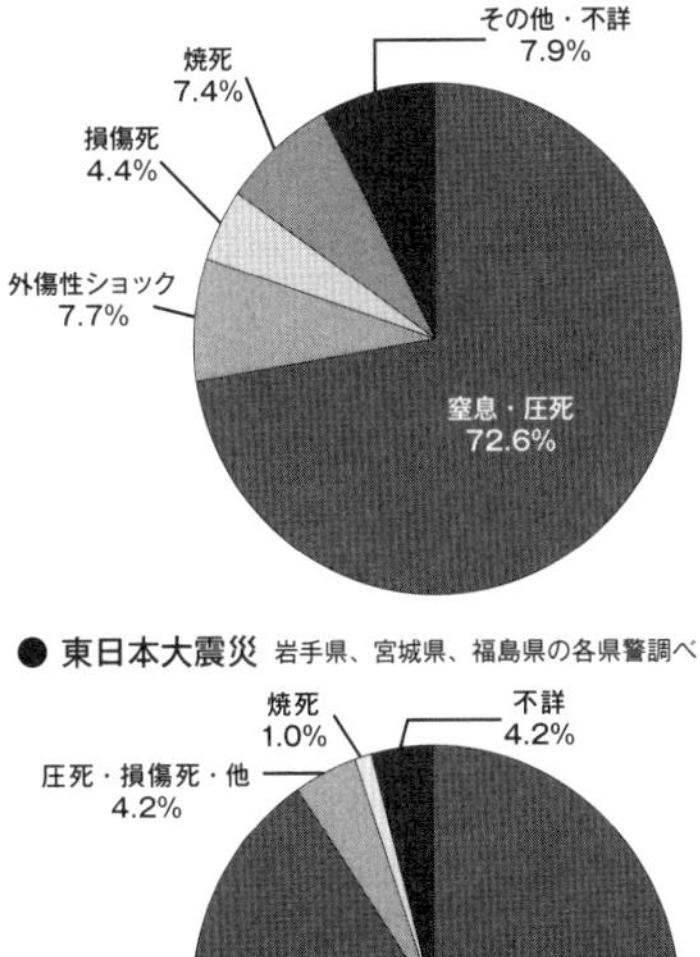

● 東日本大震災　岩手県、宮城県、福島県の各県警調べ

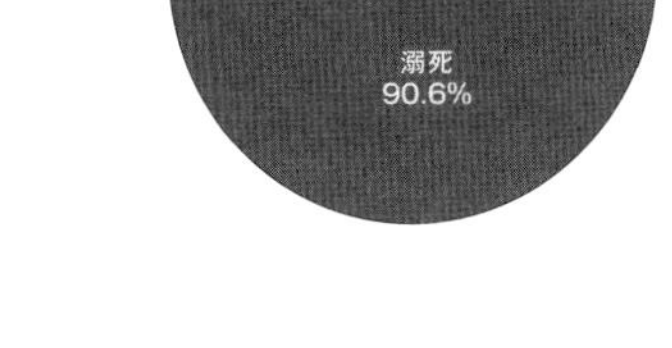

した（図表1―8a）。

時代が下って、また地域的にも、東日本大震災の被災地のほうが高齢化率は高かったでしょうが、それを被害予測として防ぐ手立てを考えておくことが必要です。

震災による死因をみても、阪神・淡路大震災では窒息・圧死が7割を超えたのに対して、東日本大震災では溺死が9割を超えました（図表1―8b）。

地域によって想定される被害が違えば、備えも違ってくるはずです。コンビニに求められる支援はどこも同じようですが、被害予測が綿密になれば、コンビニチェーンの備え方も変わってくるでしょう。

3 震災がもたらしたもの

グリーフという感情

東日本大震災、その後の福島第一原発の事故によって、それまでの生活スタイルを見直した人は多いでしょう。なかには人生観さえ変わってしまった人もいます。

何しろ、テレビでも、ネットでも、繰り返し流れる津波の映像には、ただ息を呑むばかりでした。見るたびに、無力感に打ちのめされました。

この感覚は、ちょうど10年前に、ニューヨークの世界貿易センタービルが旅客機の衝突で脆《もろ》くも崩れていく映像を見たときに感じたものに似ています。この世の終わりをみるような感覚です。

原発事故では、政府も東電も本当のことを言っていないのではという不信感、どうなってしまうのかという不安感に襲われました。

今日でも、放射能の問題を考えると、不安は収まりません。一方で、こんな事故を招くまで原発を容認し、電力の供給を当然として享受してきたことへの自責の念、原発のリスクについて開示してこなかった政府や「原子力ムラ」への怒り、それによって被災してしまった東北の人々への罪悪感など、さまざまな感情に苛《さいな》まれ、いまも、こうした感情から逃れられないままです。

親しい人の死に接したときに体験するさまざまな感情の起伏、ときに身体的な不調も伴う「グリーフ（悲嘆）」に似ています。

グリーフは、深い悲しみとか悲嘆と日本語訳されますが、〝失ったものに対する感情〟の総称で、死別に限らず、病気や事故によって身体の一部を失ったり、自分の意思によらずに離職したり、それまでの平穏な生活を失ったときに起きるものです。

グリーフであれば、ひとりで心のなかに溜め込まないで、親しい人に話したり、グリーフケアの専門家の手を借りたりして、回復のための行為をする必要があります。

回復までに辿る感情の起伏や身体の不調について、さまざまな専門家が分析していますが、整理してみますと、茫然自失→否定→怒り→罪悪感→孤独感→諦め→受容→新たな希望、といった順になります。

もちろん、このように一直線に回復する人はいないでしょう。グリーフケアの現場にいる人たちは、ステージを乗り越えるようなものではないと言います。

現実には、たとえば怒りを抱えたままに、何かの弾みで涙が溢れてしまうような、回復とはいえない精神状態にあっても、日常生活を送る努力を続けている人が多いのです。

震災後の節電対策からエコ

大震災への対応に追われて、それまで取り組んできた日常的な地域貢献、環境対策などはおざなりになってしまったのではないか、心配になります。

特に、地球温暖化対策として、政府は2020年のCO_2（二酸化炭素）などの温室効果ガスの排出量を1990年比で25％減とする目標を掲げてきましたが、原発の発電量に占める割合を下げると、当初の目標を達成できないという試算を出しました。

つまり、原発事故に懲《こ》りて、原発を頼みとしなければ、地球温暖化対策が後退するというのです。

その分、再生可能エネルギーへのシフトを進めればいいのですが、政府はそれが効果を上げる前に、石油などの化石エネルギーに頼る割合が増えると見ているのです。

しかし、私たちのエネルギー使用への考え方は変わりつつあります。震災以降、節電や節水など省エネ意識は高まりました。

実際に、東北電力と東京電力の管内では、震災の直後から、企業も家庭も節電を実行しています。電力中央研究所によれば、家庭における震災年の夏季（7〜9月）の電力使用量は、平均して前年比10％減、約3割の家庭は15％以上も減らしました。

コンビニも同様です。東日本大震災の後に東京電力管内で計画停電が行なわれましたが、コンビニ各チェーンは、その前から、被災地を除く地域の店舗で「自主節電」を始めました（P20、図表1―1）。

夏季も、「節電は国民的な課題」として、チェーンの多くは、東北電力や東京電力の管内に限らず、出店地域のすべての店舗で取り組みました。

ＪＦＡが行なった節電対策に関するアンケートによれば、コンビニ店舗が節電対策として取り組んだことは、多い順に、①売場の空調温度の設定見直し、②事務室や従業員控室などの不使用時の消灯、③空調フィルターなどのこまめな掃除、④売場の照明を一定割合で消灯、⑤店頭看板やサインポール（店頭への誘導看板）の消灯、⑥ＬＥＤ（発光ダイオード）照明への切り替え、⑦クールビズやスーパークールビズの導入などでした。

このうち、効果が高かったのは、売場の空調温度の設定を見直したり、照明を消灯したり、LED照明に切り替えたりしたことだったそうです。

震災年の夏季だけで、各チェーンを平均すると、前年比で20％前後の節電が達成されました。

コンビニ店舗での節電

コンビニ各チェーンは、震災以前から、店舗、弁当などの製造工場、物流センター、配送車などで、CO_2の排出量削減を図る環境対策に取り組んできましたが、震災後に、LED化や太陽光発電パネルの設置など、省エネ対策が一気に進んだように感じます。

たとえば、セブン‐イレブンがLED照明を店舗で使用し始めたのは、2008年の看板照明からで、店内照明のLED化は2009年からです。震災前にも、看板照明をLED化していた店舗は3000店舗を超えていましたが、店内照明をLED化していたのは約120店舗ほどでした。

震災年の夏季に、セブン‐イレブンは本部投資で節電対策に約100億円を掛けて、旧型の設備を最新の省エネ型に入れ替えると同時に、店内照明のLED化も進め、震災の1年後には約

9000店舗に拡大しています。

LED照明は、看板や店内の照明だけではありません。店外ではサインポール、店内では冷蔵ケース内の照明にも使われています。

設備機器の入れ替えや照明のLED化に次いで、セブン-イレブンが採った対策が「スマートセンサー（節電センサー）」の導入です。

スマートセンサーは、電力使用量を時間帯ごとに記録する機器で、その使用量を見ながら、こまめにスイッチを切るなどして、使用量をコントロールします。

つまり、スマートセンサーを導入すれば、自動的に省エネ効果を発揮してくれるわけではありません。

セブン-イレブンでは、それ以前から、冷蔵ケースや空調機の温度設定を見直したり、空調機のフィルターを掃除したり、室外機の吸気口の近くにモノを置かないなど、各店舗に奨励してきました。いわばスタッフによる人的な節電行動です。

従来からの人的な節電行動が、スマートセンサーと結び付いたとき、さらにスタッフの注意力が増し、工夫も生まれて、節電効果を高めることにつながったといいます。

スマートセンサーは、店内の機器系統ごとに取り付ける必要があります。コンビニ店舗には数多くの機器がありますから、セブン-イレブンでは1店舗当たり8個を取り付けているそうです。

実際に、設備機器の入れ替えやＬＥＤ化によって、セブン－イレブンが達成した節電効果は、前年に比べて約10％減でした。一方、スマートセンサーと従来型の人的な節電行動の組み合わせでは、前年比15％以上の削減となりました。合わせて、前年比25％以上の節電を達成したことになります。

また、当初の節電目標は前年比15％減でしたが、15％以上となったのは、店舗スタッフの意識と行動によって、目標より2～3％多く削減できたからです。

節電効果を上げるにも、人の意識の重要さが分かります。特に、セブン－イレブンの事例では、機器だけに頼るのでなく、機器を人が意識して使いこなすことが、効果を上げる秘訣と言えそうです。

エコ店舗の増加と進化

やはり、震災後の節電対策から、コンビニ店舗では、最新の省エネ型設備への切り替え、ＬＥＤ照明の導入などの時期が、前倒しで早まったようです。しかも、一部に省エネ型設備を入れた部分的にエコな店舗ばかりでなく、総合的にエコな店舗も増えました。

たとえば、屋根に太陽光発電パネル、太陽光を採り入れるトップライト（天窓）を設け、床には反射率の高いセラミックタイルを用いて、太陽光発電によって消費電力をカバーすると同時に、日差しのある昼間には消灯しても店内が暗くならない工夫をしています。また、フロントガラスにも断熱ペアガラスを使っています（図表1―9）。

コンビニ業界では「環境配慮型」と呼ばれるこうした店舗は、既存の店舗に比べて、電力使用量を2～3割削減することができると説明されます。

2011年末、被災地の宮城県南三陸町に、ローソンが〝次世代型〟という環境配慮店舗をオープンしました。

〝次世代型〟としたのは、ひとつに、太陽光発電パネルと蓄電池をセットで導入したことが挙げられそうです。日中に太陽光で発電した電力

図表 1-9　コンビニのエコ店舗の主な装備

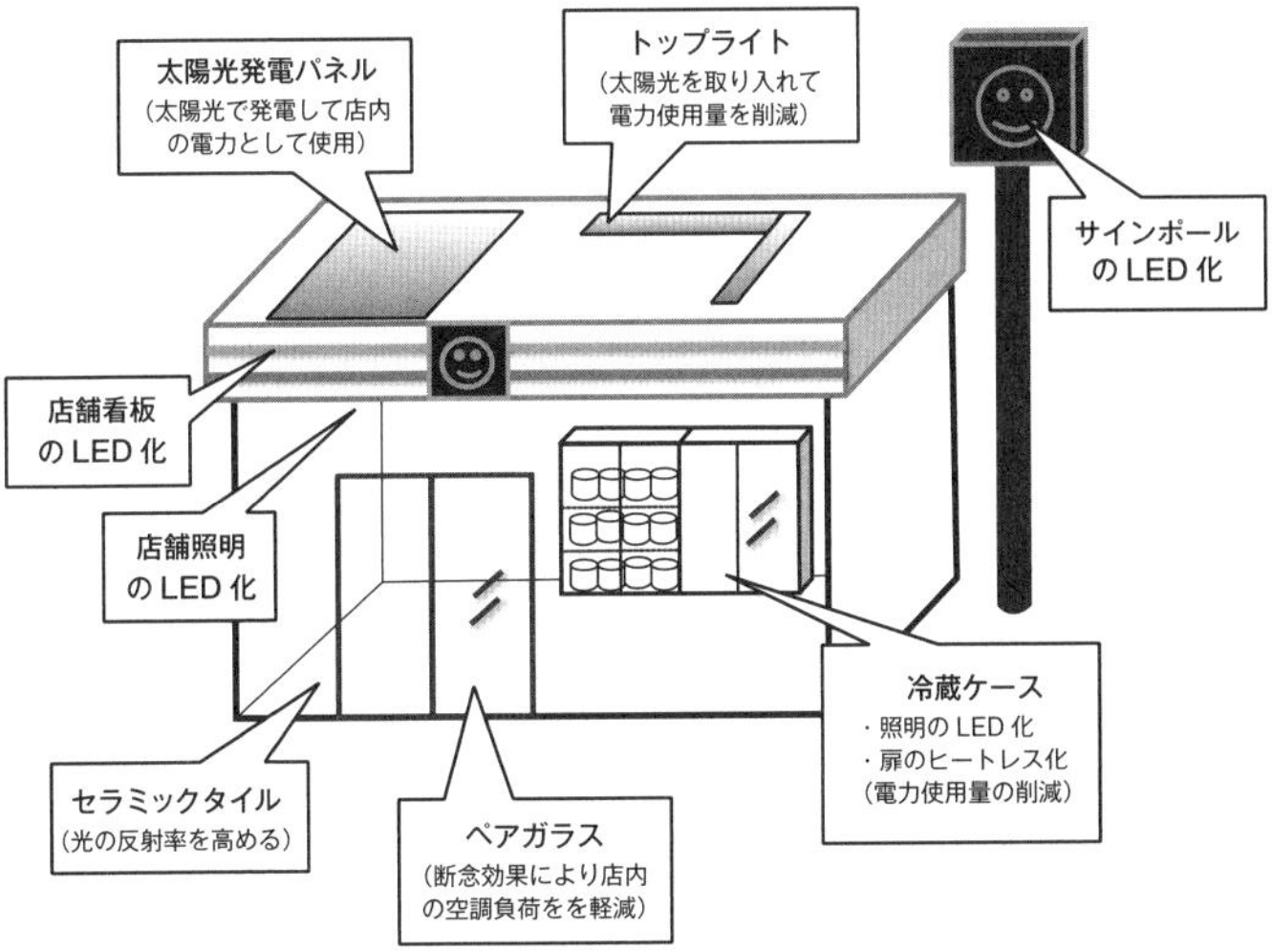

を蓄電池に充電しておけば、平時には夜間の照明の電力として、緊急時（停電）には店舗営業を担う電力として活用できるからです。つまり、節電だけでなく、災害時対応も考えられているわけです。

その他に、鉄骨の使用量を削減するプレハブ工法を採用して、工期を短くすると同時に後々のリユースをしやすくしたり、冷凍・冷蔵ケースに代替フロンでなく、オゾン層の破壊をもっと抑制できると同時に消費電力も削減できるCO_2（自然冷媒）を活用したり、一石二鳥の技術が多用されました。

実は、これ以前から、プレハブ工法を採用したコンビニ店舗、CO_2冷媒の機器を導入したコンビニ店舗はありました。最近は、蓄電池を導入するコンビニ店舗も増えています。優れた技術や設備をそれぞれに活用するのでなく、総合的に活用するのが〝次世代型〟と言えるかもしれません。

さらに、環境対策から始まったエコな店舗づくりが、災害対策と結び付いて、エコにも災害にも強い店舗づくりになるのも〝次世代型〟と言えましょう。

仮設店舗と移動販売車

東日本大震災の被災地では、仮設店舗や移動販売車も活用されました。

被災から1カ月ほどで、まず移動販売車が登場しました。といっても、セブン‐イレブンとファミリーマートの各チェーンが導入したのは、普段は配送車として使っているトラックの荷台を改造したものでした。柔軟性のある臨機応変な対応です。

それぞれ、営業できなくなった「被災店舗」の駐車場で臨時販売したり、自チェーンの被災店舗を巡回販売したりしました。販売時間も短いうえに、商品も50~100品目程度と多くはありませんが、周辺には営業している店舗がないため、住民にはとても喜ばれたといいます。

一方、ローソンは、関西地区の工業団地で実際に活用していた移動販売車「モバイルローソン号」を投入しました（p59、写真）。

モバイルローソン号には、揚げ物用の調理設備も搭載されているため、保健所の営業許可を得なければならない分、先の2チェーンより販売開始は遅れたかもしれません。しかし、被災地の仮設店舗の設置では、ローソンが他チェーンに先駆け、4月中に1号店をオープンしました。

仮設店舗では、扱い商品が1000品目以上となって、移動販売車よりずっと多くなります。

もっとも、ローソンの1号店には店内調理機能がなかったようで、店前でモバイルローソン号が揚げ物を提供しました。

　必需品を供給するのは大事なことですが、その場で揚げたての温かい惣菜も、被災地の住民に食べてもらいたいものです。

　ファミリーマートも、その後、物販用に改造した配送車に、チキンを揚げることができるフライヤー搭載の軽自動車「ファミチキ号」、発電装置とＰＯＳレジや冷凍・冷蔵ケースを備えたスタッフ研修用バス「Ｓ＆ＱＣ号」を加えた３台一組で、被災店舗を巡るようになりました。

　また、サークルＫサンクスは、４月中に仮設ではない正規のコンビニ店舗を出店しています。東北自動車道の一関《いちのせき》インターチェンジ出入口に位置する店舗で、被災地への復興支援に向かう人々に利用されました。

　６月にファミリーマートが設置した仮設店舗では、フライドチキン、おでんなどの温かい商品はもちろん、コピー機や郵便ポストの他に、レンタカーサービス、ＤＶＤや本の無料貸し出しサービスなども充実させました。

移動ATM車と内部↑
セブン銀行お知らせ
（2011年6月24日付）より

仮設店舗や移動販売車の運営には、各チェーンとも、津波などで店舗を失ったオーナーや地元で採用した人たちが当たっています。被災地に必需品を供給するだけでなく、雇用の継続と創出にも少し役立っていたのです。

セブン-イレブンの移動販売

コンビニの移動販売車は、もともと、高齢化と人口減少の進む日本で、今後増加

モバイルローソン号↓
ローソン広報HAPPY BLOG
（2011年4月14日付）より

セブンあんしん お届け便↓
セブン-イレブン広報リリース
（2011年5月12日付）より

ファミマ号 の外観↓と配置↘
ファミリーマート広報リリース（2011年9月8日付）より

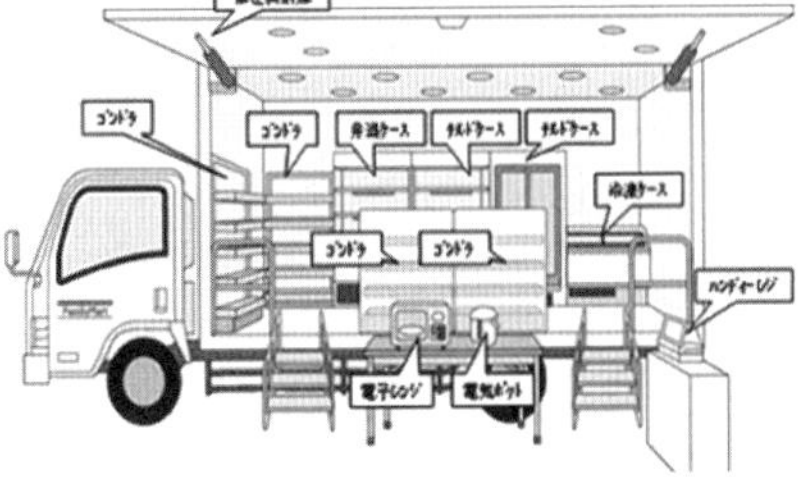

の予想される〝買い物に不便を感じる人〟の多い地域での買い物支援を想定して、開発されつつありました。

〝買い物に不便を感じる人〟のことをマスコミは「買い物難民」、経済産業省では「買い物弱者」と呼びます。その背景や問題点などの検討は、次章に譲ります。

ここで重要なのは、「買い物弱者」のために開発されつつあった移動販売車が、震災によってクローズアップされ、開発が前倒しされたことです。

すでに、ローソンでは、同チェーンの近畿支社が2008年から移動販売車を保有していました。それが先述した「モバイルローソン号」で、震災年の4月から被災地の岩手県で活動を始めました。

一方、セブン-イレブンは、翌5月に同チェーン初の移動販売「セブンあんしんお届け便」の車両を公開しました（p59、写真）。

ただし、先に運用を始めた被災地での移動販売車とは一線を画しています。先述したように、被災地の移動販売車は普段には配送車として使用していた車両で2トン車です。新たに開発された「セブンあんしんお届け便」の車両は軽トラックです。

軽トラックですが、商品によって常温から冷凍まで4温度帯に対応し、扱い商品数も約150品目と被災地型より多く積み込めます。

あくまで、被災地対応というより、買い物する場が近くにない地域に対応したもので、運用の拠点も既存の店舗です。

これまで、セブン‐イレブンが各店舗に奨励してきた「御用聞き」、2012年7月から導入された「セブンらくらくお届け便」の延長線上に位置づけられそうです。

つまり、「らくらくお届け便」は各店舗の近くのお客の下へ注文の商品を届けるサービスですが、「あんしんお届け便」は少し離れた地域にまで軽トラックに商品を積んで巡回します。各巡回先でお客の注文を聞き、次の巡回時に届けることもあります。

もちろん、被災地でも、店舗のオーナーが意思を示せば、運用拠点になれるでしょう。実際に、震災年の7月に宮城県にオープンした仮設店舗が「あんしんお届け便」を始めました。

被災地の生活支援としては、セブン銀行の移動型ATMサービス車も注目できます。セブン‐イレブンの移動販売車と連動して、被災地を巡回しました（p58、写真）。

被災住民にすれば、必需品を購入するにも金銭が必要ですから、ATMサービスは願ってもないことです。通常の移動販売車よりもセキュリティを強化する必要があるかもしれません。防犯機能も備えているといいます。

いまや、ATMはコンビニに必須のサービスです。コンビニの移動販売車とともに付加されるべき利便性のひとつと言えましょう。

ファミリーマートの移動販売車

ファミリーマートも、震災前から、買い物の不便な地域向けに移動販売車を計画していました。震災を受けて、計画を前倒しすると、まず被災地の生活支援から始めました。

ファミリーマートの移動販売車は、移動コンビニ「ファミマ号」と言います。同チェーンが買収したam／pmで配送車として使用されていたのを改造したそうで、3トン車です（p59、写真）。

先に紹介したローソンの「モバイルローソン号」やセブン-イレブンの「あんしんお届け便」の軽トラックよりも車体が大きい分、扱い商品数も300品目と多くなります。

昇降ステップを2カ所に設置して、車内を回遊して買い物ができるしくみです。

商品によって、常温（加工食品、菓子、日用品など）、定温（おにぎり、寿司、弁当）、冷蔵（サラダ、パスタ、日配食品など）、冷凍（アイスクリーム、冷凍食品など）の4温度帯に対応するとともに、ホット飲料用のホットウォーマーも搭載して、計5温度帯に対応しています。

また、発電機も搭載しているため、1週間程度は電源がなくても店舗機能を維持できるというのも特徴です。

「ファミマ号」は、震災年の9月から宮城県、10月に福島県、翌2012年1月に岩手県の各被災地域に各1台ずつ投入されました。

ところが、2012年6月に、福島県の「避難指示解除準備区域」に投入した「ファミマ号」は、それまでの3トン車ではなく2トン車に代わりました。

2トン車のほうが、やはり小回りが利《き》くことが理由のようです。普通免許で運転できるというメリットもあります。

買い物の快適さを損なわないように、これまで通りに5温度帯に対応して商品を揃えるとともに、昇降ステップを設置して、車内で買い物できるようにしています。ただし、扱い商品数は200品目に減りました。

ファミリーマートでは移動販売車の「ファミマ号」を、今後、年間100台を目標に開発を進めていくとしていますが、3トン車とか2トン車に限らず、軽トラックなどさまざまなタイプを視野に入れているといいます。

移動販売車を投入する地域によって、必要とされる商品が異なるように、適する販売車の仕様も異なるということです。

各チェーンとも、独自仕様で移動販売車を開発しているので、新規に導入するごとに少しずつ改良が重ねられています。

仮設住宅へネットで買い物支援

被災地では、仮設住宅の入居者向けに、ネットを使った買い物支援も行なわれました。

このうち、東日本電信電話株式会社（NTT東日本）と大手小売のセブン&アイ・ホールディングス（セブン&アイ）が共同で行なった買い物支援は、NTT東日本が仮設住宅に無料で無線LANを整備してタブレット型端末を配布し、セブン&アイが総合ネット通販の「セブンネットショッピング」、イトーヨーカドーのネットスーパー、セブン-イレブンのお食事宅配サービス「セブンミール」を買い物コンテンツとして提供するというものです。

震災年の7月下旬に、宮城県内の仮設住宅から始まり、9月には福島県内の仮設住宅でも導入されました。

実は、NTT東日本とセブン&アイがタッグを組んだ同様のサービスが、震災前の2011年2月から、都内の都市再生機構（UR都市機構）の集合住宅で行なわれていました。

これは、UR都市機構が中心となって実施されたプロジェクトで、UR都市機構が保有する比較的高齢化率の高い賃貸住宅を対象に、NTT東日本が提供する光回線とタブレット型端末を活用して、UR都市機構のマンションポータルサービス（団地や地域のイベント情報、見守り）とともに、セブン&アイの買い物支援サービス等を提供するものです。

もっとも、都内の高齢化率の高い集合住宅を対象にしていたため、セブン&アイが提供したサービスは、当初、近くのセブン-イレブン店舗から「セブンミール」や店頭商品を配達するサービスが中心でした。また、家事代行サービスの会社と連携して、宅配クリーニングや掃除サポート等のサービスも提供しました。

ここでも、高齢者や「買い物弱者」への対応を目的に開発されていたネットを使った買い物支援サービスが、被災地に応用されて衆目を集めました。

また、高齢者には、ネット利用に敷居の高さを感じている人もいるでしょう。

しかし、総務省によれば、日本人のネット利用率は約8割に達しており、このうち13歳から49歳の年齢では9割を超える一方で、60代前半では70%台、60代後半では60%台、70代では40%台と高齢になるほど下がるものの、そのネット利用率は徐々に上がってきています。

この点でも、UR都市機構でのプロジェクトや被災地での買い物支援に用いた端末に、画面に表示されているアイコン（アプリ）を指でタッチするだけのタブレット型を使いました。PC（パソコン）のマウスとキーボードのインターフェイスに不慣れな人でも、タブレット型のタッチパネル式なら簡単に操作できそうです。

さらに、PCの画面よりタブレット型のほうが、新聞やチラシなどの紙の媒体を読んだり、見たりする感覚に近いようです。

携帯電話端末で、NTTドコモの「らくらくホン」が高齢層の支持を得たように、ネット接続端末では、タッチパネル式や音声入力式などのインターフェイスが、高齢層の支持を得るきっかけになるかもしれません。

コンビニ店舗の無線LANスポット化

震災年の9月から、東京23区内のセブン‐イレブン店舗に、NTT東日本が非常用電話機の設置を始めました。

首都圏直下型地震などの災害時に、つながりやすい電話を都心に在住・在勤する人に提供するためです。公衆電話の数が減っているうえに、東日本大震災では携帯電話やメールがつながりにくくなったことへの反省もあるでしょう。

一方、NTT東日本とセブン‐イレブン店舗との組み合わせは、先述した都内のUR都市機構の集合住宅や被災地の仮設住宅で実施した買い物支援サービスと重なることに気づきます。

それもそのはず。NTT東日本とセブン&アイは、2011年7月に「地域コミュニティにおける『生活インフラ』の構築に向けた協業」について包括的に提携しているのです。

提携の時期は、先述したUR都市機構との共同プロジェクトが始まってからで、その後の被災地の仮設住宅での買い物支援サービスにつながります。

非常用電話の設置も、この提携内容のひとつです。同時期に提供し始めたNTT東日本の公衆無線LANサービス「フレッツ・スポット」を災害時には無料開放することと合わせ、セブン-イレブン店舗を災害時の「情報ステーション化」するという構想です。

セブン-イレブン店舗では、さらに、NTT東日本の「フレッツ・スポット」を拡充して、独自の無線LANサービス「セブンスポット」も始めました。

「セブンスポット」では、会員に向けて、割引クーポンやプレゼント、キャンペーンなどの情報を配信しています。つまり、普段には、集客のための販促に使っているのです。

会員にすれば、普段から使い慣れていることで、いざ災害時にもセブン-イレブン店舗で情報を得られることを思い出しやすいかもしれません（災害時には会員以外でも情報を得ることができます）。

ローソン店舗でも、「LAWSON Wi-Fi」という名称で、共通ポイントカード「Ponta」の会員に向けて、〝お得なクーポン〟、映像や音楽、電子書籍など、ローソン限定コンテンツを配信しています。やはり、災害時には会員以外にも開放して、情報を得られるようにします。

これまで、無線ＬＡＮサービスは、外出時にもネット接続に快適な環境を提供するものとして、駅、空港、ホテル、カフェ、ファストフード店などで進んできました。

コンビニ店舗もそのスポットに加わるのは、スマートフォンの普及もあるでしょうが、東日本大震災を経て、災害時の情報拠点として重要なサービスになることが分かったからでしょう。

コラム❶

コンビニA店の1日

午後11時。コンビニA店に、深夜帯シフトのヤシキさん（36歳）の姿が見えます。そこへ、コンビニのロゴマークの入った配送車が到着して、商品が運び込まれてきました。ヤシキさんはてきぱきと商品を仕分けすると、学生バイトのトモさん（21歳）に指示して、弁当など一部を店頭の棚に並べ、残りはバックヤードに保管しました。

これから終電がなくなる時間帯まで、A店のお客が途切れることはありません。もうひとりの学生バイトのテツさん（23歳）がレジで奮闘しています。お客が2人以上並ぶと、ヤシキさんが即もう1台のレジを開けてフォローします。

ヤシキさんは、いわゆる深夜バイト専門のフリーターです。コンビニで働く前にはファストフード店で深夜バイトをしていた経験もあります。でも、そろそろ将来を考えるようになりました。彼女もできたので、コンビニの独立支援制度を活用してオーナーになろうかと思っているようです。

深夜1時を回り、お客もまばらになってきたところで、ヤシキさんはハンディタイプの端末を持ち出し、商品の発注を始めました。店頭の商品在庫を確認しながら、発注量を決めて行きます。もっとも、ここで入力しているデータは暫定的なものです。最終的には店長が見直して発注を完了させます。

A店ではパート・アルバイトを含めて10人前後が商品の発注に関わっています。商品ごとに分担しており、各自、シフトのなかで手の空いたときに発注作業を行ないます。なかには、栄養ドリンクだけを担当している発注者もいます。

それが終わると、ヤシキさんはトモさんとともに、バックヤードに残していた商品を店頭に補充しながら、商品の棚位置を変更して行きます。これまでの深夜帯の売場を朝に対応した売場に手直しするのです。

まだ夜の明けきらぬうちから、早朝のお客が来店し始めます。早朝のお客は、深夜のお客とは違ったにおいをまとっていると、ヤシキさんは思います。

※　※　※

午前6時過ぎ。店長のタカオさん（32歳）が、A店の前にやってきました。すぐに店内に直行する様子はありません。店舗の周りを歩いて、ゴミなど落ちていたり、汚れていたり、いつもと変わった様子はないか確認するのです。これは店長の日課です。

ひと通り店舗の周りを見終わって、店頭にタカオさんの姿が見える頃、店内もお客で徐々に混み合ってきます。朝独特の気ぜわしさのなかで、スタッフも気を引き締めてきぱき対応しています。

午前9時近くになって、朝のピークが過ぎたところで、タカオさんは店頭を離れると、ストアコンピュー夕の前に座りました。これから商品発注量を最終決定するのです。地域の行事予定を確認したり、直近の天気予報とにらめっこして、発注量を微調整して行きます。廃棄ロス、機会ロスをどれだけ減らせるか、この作業に掛かっているので神経を使います。

タカオさんはA店のオーナーの息子です。つまり2代目。子供の頃からコンビニの店頭に立つ両親の姿を見て育ちました。当時、自分が継ぐという自覚はあまりなく、学校を卒業するとメーカーに就職しました。しばらくして、父親から2号店を持つという話が出て、父親を助けることにしたのです。それから修業を始めて、いまA店を任されるまでになったところです。

午前11時前、再び店頭が気ぜわしくなってきました。新たに商品の納入を経て、昼のピークに合わせた売場づくりが急ピッチで進められます。

深夜帯とは打って変わって、昼間の時間帯の中心スタッフは、ベテランパートのサトコさん（53歳）、サエさん（46歳）です。学生バイトへも的確に指示を出します。店長のタカオさんも、発注業務を終えて、店頭に戻ってきました。

午後0時少し前、昼のピークの始まりです。最初の15分くらいを乗り切ると、少し余裕が生まれますが、0時半を過ぎるとまたどっと混み出します。昼のピークといっても波があるのです。

※　※　※

午後3時頃、タカオさんは1日の売上高を確定させた後で、またストアコンピュータの前に座ります。来週以降に発売される商品情報をチェックするためです。本部から詳細な情報が送られてくるので、じっくり念入りに検討します。

なぜなら、新しい商品を導入するには、既存の商品をカットする必要があるからです。カット商品はロスにならないように在庫量を調整し、切り替え時には売り切ってしまっているのが望ましい姿です。そうなるよう戦略を立てるのもタカオさんの大事な仕事です。

ストアコンピュータの隣には、店内外に設置された防犯カメラからの映像を映し出すモニターが設置されています。普段からバックヤードにいるときは、モニター映像にも気を配るようにしています。防犯カメラには、強盗や万引き防止の意味合いもありますが、最近は振り込め詐欺にコンビニATMが利用されることが増えているので、高齢の来店客には特に気をつけるようにしています。

近くの交番の巡査も、頻繁に立ち寄ってくれます。今日も、モニター映像に巡査の姿が認められます。学生バイトのアヤさん（19歳）が対応しているようです。ほどなく彼女に伴われて、バックヤードに巡査が顔を見せました。何事もないことを確認すると帰って行きました。

午後4時過ぎ、店頭では再び商品補充が始まっています。コンビニの配送車が着いて、新しい商品が運び込まれたのです。コンビニでは1日3回に分けて、商品を店舗に配送しています。その3便目が到着したのです。

夕方のピークに合わせた売場づくりが行なわれます。夕方のピークは、昼と違って、夜まで断続的に続きます。そのつど売場に手を加えながら、長丁場を乗り切るのです。

すでに、サトコさんやサエさんはシフトを離れ、新たなスタッフにバトンタッチされています。店長のタカオさんも夕方の店頭状況をチェックすると、そろそろ上がりです。

夕暮れ時、A店の灯りが街のなかにほんわり浮かび上がりました。

第2章

人口減少社会とコンビニ

1 増えるコンビニ、減る人口

出店も多いが退店も多いコンビニ

コンビニ店舗数は、1970年代からずっと増えてきました。いまも増え続けています。

「えっ、うちの近くでは、このところ何軒もコンビニが閉店してしまったけど……」と思う方もいらっしゃるかもしれません。

それは、コンビニは、出店数も多ければ、退店数も多いからです。一年に一度の決算月までの期初に、各チェーンは年間のだいたいの出店数を決めます。同時に、だいたいの退店数も決めます。

こうした内容を公表しないチェーンもありますが、株式を公開しているチェーンであれば、過去に遡って確認することができます。

たとえば、ローソンは2010年1月から2011年2月までの間に「ローソン」の看板を掲げるコンビニ449店舗を出店しましたが、同時に302店舗を閉店しています。その差の147店舗が純増店数となるわけです。

それにしても、この年のローソンは出店数の約7割もの店舗を閉めたことになります。それでも、一年間を通してみれば、店舗数は増えました。

もっとも、ローソンには、「ローソン」の看板を掲げるコンビニの他に、「ローソンストア100」の看板を掲げる店舗もあります。店数は通常のコンビニに比べて少ないものの、「ローソン」と合算して、全国1万店舗を超えるローソンチェーンを支えています。

また、ファミリーマートは同時期に741店舗を出店して、270店舗を退店しています。一年間で470店舗も増えました。

この年、ファミリーマートは買収したam/pmの店舗の「ファミリーマート」への看板替えを数多く手掛けました。すでにam/pmの店舗が存在していても、ファミリーマートとしては新規の出店になります。結果として純増店数を押し上げました。

こうして純増店数を積み上げていくチェーンのある一方には、am/pmのように消えていくチェーンもあります。また、チェーン単体でみると、前年度より店舗数が減少してしまったり、年度の途中では出店数が退店数を下回ったりすることはあります。

しかし、コンビニ店舗数を全体としてみれば、毎年、増加してきたのです。

コンビニ店舗の退店理由

どうして退店してしまうのでしょうか。理由は、大きく分けて2つあります。

その前に、コンビニは「立地産業」という言われ方をよくされます。たぶん、第二次産業の鉄鋼業や石油化学が、製鉄所やコンビナートなど大型の装置を必要とするために「装置産業」と呼ばれたのに対して、第三次産業の小売業は人の集まる場所（立地）に店舗を構えることから名付けられたのだろうと思います。

実際に、コンビニ店舗を出店する際には、よくよく立地調査を行ないます。どのくらいの人が行き来して、どのくらいの人に利用されそうか。それによって、だいたいの売上高や運営上のコストなどを見積もって、出店するかどうかを決めます。

そうやって出店しても、立地というのは時間とともに変化してしまうものです。

大きな道路ができたり、大型の集合住宅が建設されたり、競合店が出店してきたり。もうそれだけで、人の流れは変わります。

少し前まで、郊外に大型の商業施設（ショッピングセンター）ができると、駅前の商店街に人が集まらなくなることが、社会問題として取り上げられてきました。モータリゼーションによって、駐車場のある店舗を利用するようになったことが原因です。

コンビニ店舗も同じです。駐車場がないために利用客が減ってしまうことはよくあることです。その場合、駐車場のスペースの取れる広い敷地に配置換えします。

たとえば、新しくバイパスができて旧街道の人通りが減ってしまい、旧街道沿いにあったコンビニ店舗がバイパス沿いへ出店し直すことがありますが、思い当たる光景を見かけられた方も多いのではないでしょうか。

このように、場所を変えて出店し直すことをコンビニ業界では「リロケート」と言います。リロケートしても、全体の店舗数は変わりませんが、退店数と出店数はそれぞれカウントされます。リロケートが増えれば、出店数も増えますが、退店数も増えます。

退店する理由のひとつが、リロケートです。立地環境が変わってしまったために、新たに相応《ふさわ》しい立地に、相応しいかたちで（駐車場を設けるなどして）出店し直すのです。

“数より質”の店舗展開

たいていのコンビニ店舗は、売上げが下がり始めた段階で、多くの手を打ちます。

店舗が老朽化してくればリニューアルします。客層に合っていない品揃えを見直したり、欠品が多かったなら商品の発注に気をつけたり、店舗スタッフ一丸となってキャンペーンに取り組んで士気を高めたり。何かきっかけをつくって浮上しようとするのは、どんな場合にも共通しています。

しかし、きっかけをつかむのも、なかなか難しいことですが、そのきっかけをものにするのも、また難しいことです。

先ほどのリロケートも、きっかけのひとつですが、相応しい代替地がいつでも見つかるとは限りません。

そうして不採算店になってしまうと、そのままズルズルと続けていくのは得策ではありません。最もよくないのは、店舗のオーナーやスタッフの士気が下がってしまうことです。チェーン全体へも影響を与えます。

来店したコンビニ店舗で、やる気のなさそうなオーナーやスタッフに迎えられたら、誰だっていい気分はしません。単に気分がよくないだけでなく、たぶんチェーンのイメージも悪くなるでしょう。

他に、がんばっているコンビニ店舗がたくさんあっても、お客として利用した1店舗がお客にとってはチェーンを代表することになります。そう考えると、チェーンの看板には大きな意味があるのです。

どのチェーンでも、不採算店をなくすことに力を注《そそ》いでいます。つまり、不採算店をなくすことが退店するもうひとつの理由です。

かつては店舗数を伸ばすことを優先した時代もありましたが、現在では〝数より質〟を重視しています。店舗数が多くても、質の低い店が多くてはチェーンのイメージを損なうからです。

質の低い店とは不採算店です。逆に、質の高い店とは？　客数が多くて客単価の高い店と言い換えられましょう。

コンビニ店舗数の〝飽和説〟

各チェーンに事情はあっても、コンビニ全体としてみると、年々、店舗数は増えてきているのです。

日本フランチャイズチェーン協会（ＪＦＡ）では、１９９８年から全国のコンビニ店舗数を

図表2-1　全国のコンビニ店舗数推移

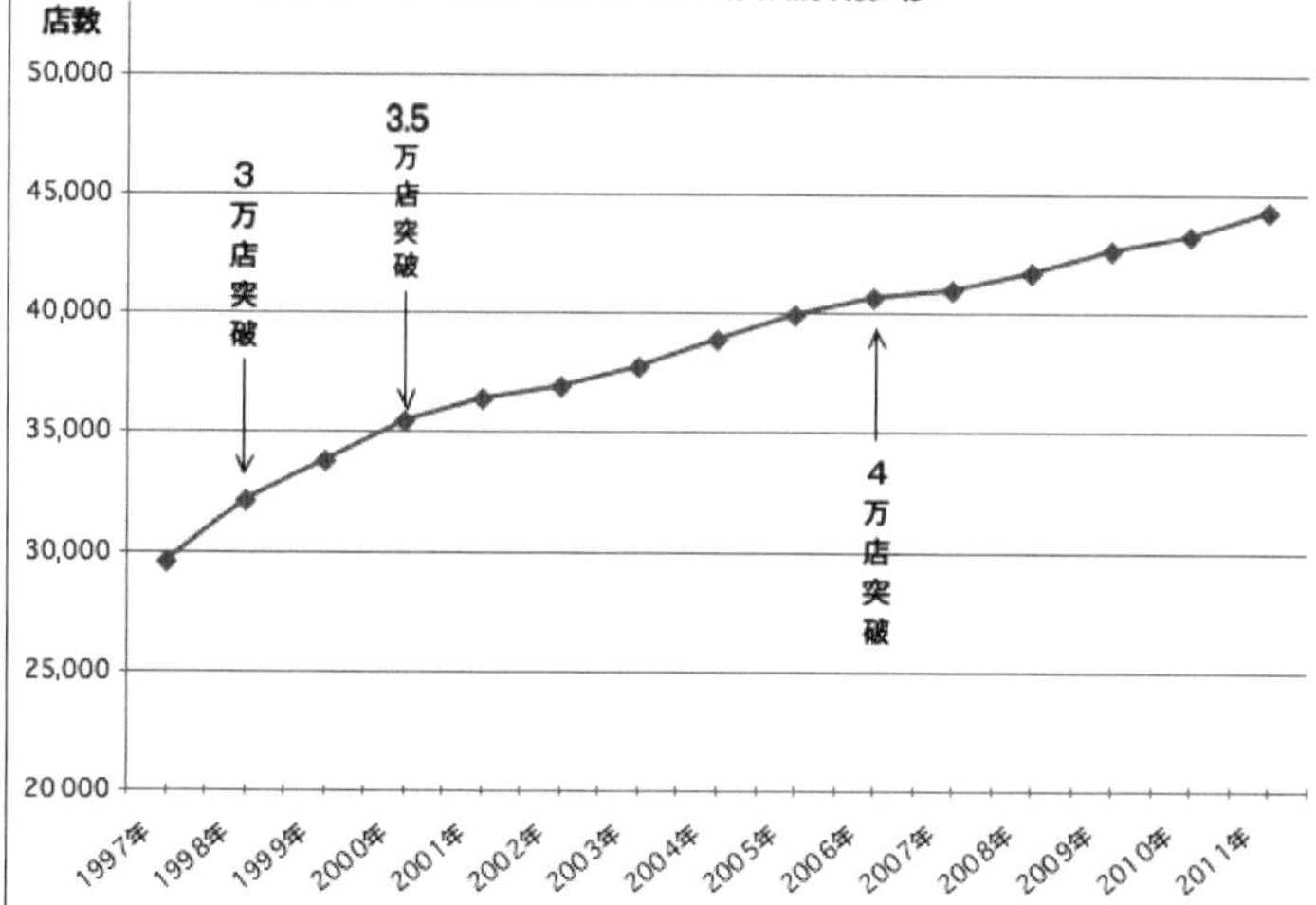

日本フランチャイズチェーン協会（各年末値）

公表していますが、年間のコンビニ店舗数が前年を下回ったことは一度もありません。

その店舗数は、2012年中には4万5000店舗に達するでしょう（図表2―1）。

もっとも、店舗数の増加率は、3万5000店舗を超えた2000年以降に鈍化しています。3万店に達してから3万5000店を超えるまでに要した期間は2年でした。次いで4万店を超えたのは2006年ですから、同じ5000店を上積みするのに、3倍の6年掛かったことになります。

この時期、つまり2000年代に入って、コンビニ各チェーンの政策が変わります。先述した〝数より質〟を重視するようになったのです。不採算店をなくすために退店数を増やしたり、立地の選定を厳しくして出店数を絞り込んだりしたことで、店舗数の伸び率が鈍化したと考えられます。

しかし、これとは別に、実は、コンビニ業界には、〝飽和説〟とでも呼ぶべきものが飛び交《か》ってきました。その時々で、〝飽和説〟は中身を変えるので、ちょっとした〝オオカミ少年〟のようです。

たとえば、少し前には「コンビニの店舗数は4万店で飽和する」という説が流れていました。コンビニ店舗数は、4万店以上増えない。出店しても別の店舗が退店するだけで、数的には飽和を迎えるというものです。

現在は、4万店を超えてしまったので、「コンビニの店舗数は5万店で飽和する」という説に更新されています。

あっさり覆《くつがえ》されてしまうような説が、飛び交うのはなぜでしょうか。全く根拠がないわけでもありません。

コンビニの店舗数が急激に増え、街のあちこちにコンビニ店舗を見掛けるようになり、しかも、オープンしたかと思うと撤退するコンビニもあるのは、やはり、コンビニ店舗数が多過ぎる＝〝オーバーストア〟からではないかと思われましょう。

〝4万店飽和説〟にしても、3万5000店を超えた頃から増加率が鈍化したことで、そろそろ飽和に近づいたからだと思われたからかもしれません。

しかし、4万店を超えてから4万5000店に達するまでの期間は6年です。3万5000店を超えて4万店に達した期間とほぼ同じでした。

商圏人口の〝飽和説〟

〝飽和説〟は、店舗数に限りません。もっと手ごわい〝飽和説〟があります。

〝商圏人口○○人飽和説〟です。最近までは〝3000人飽和説〟でした。コンビニ1店舗当たりの商圏人口が3000人を割り込むと、コンビニ店舗は立ち行かなくなるというものです。

商圏人口とは、店舗まで来てくれる範囲にいるお客の人数のことです。通常は、実際に来店するお客の8割がいる範囲（地域）を商圏としますが、その範囲が狭くなるほど、商圏人口も少なくなるわけです。

だいたい人口が3万人前後で「小商圏」といいます。5万人から10万人で「中商圏」、15万人以上になれば「大商圏」です。

人口3000人で成り立つコンビニ店舗は、小商圏どころではありません。もっと狭いので「狭小商圏」と言ったりします。

それでも、コンビニ店舗が成り立つのは、毎日のように来店してくれるお客の割合が高いからです。来店頻度が高ければ、商圏人口が少なくても成り立つわけです。

品揃えとして、おにぎり、弁当、パン、おでんなど、その日もしくはその場で消費してしまう商品が多いのも、来店頻度を高めている要因です。

チェーンストアを運営する企業の多くは、政策として小商圏化を打ち出しています。多店舗を展開していくためには、商圏をより狭めていく必要があるからです。

しかし、小商圏ほど、客層の幅を広げ、来店頻度を高めなければならないので、店づくりや品揃えに難航します。

この意味で、チェーン展開する企業にとって、コンビニは〝成功フォーマット〟と見なすことができましょう。しかし、現実に、成功したコンビニを待っていたのは〝飽和説〟でした。

〝３０００人飽和説〟の前には〝４０００人飽和説〟、その前には〝５０００人飽和説〟がありました。店舗数の場合と同様に、それらがクリアされるたびに、次の〝飽和説〟が立ち現われてくるのです。

すでに、単純商圏人口（日本の人口をコンビニ店舗数で割った人数）では、３０００人を割り込んでしまいました（図表２―２）。

そろそろ〝２０００人飽和説〟が現われる時期です。〝オオカミ少年〟のようだと私は言いましたが、物語の中のオオカミ少年は、最後には本当のことを言います。

図表 2-2　1店当たりの単純商圏人口推移

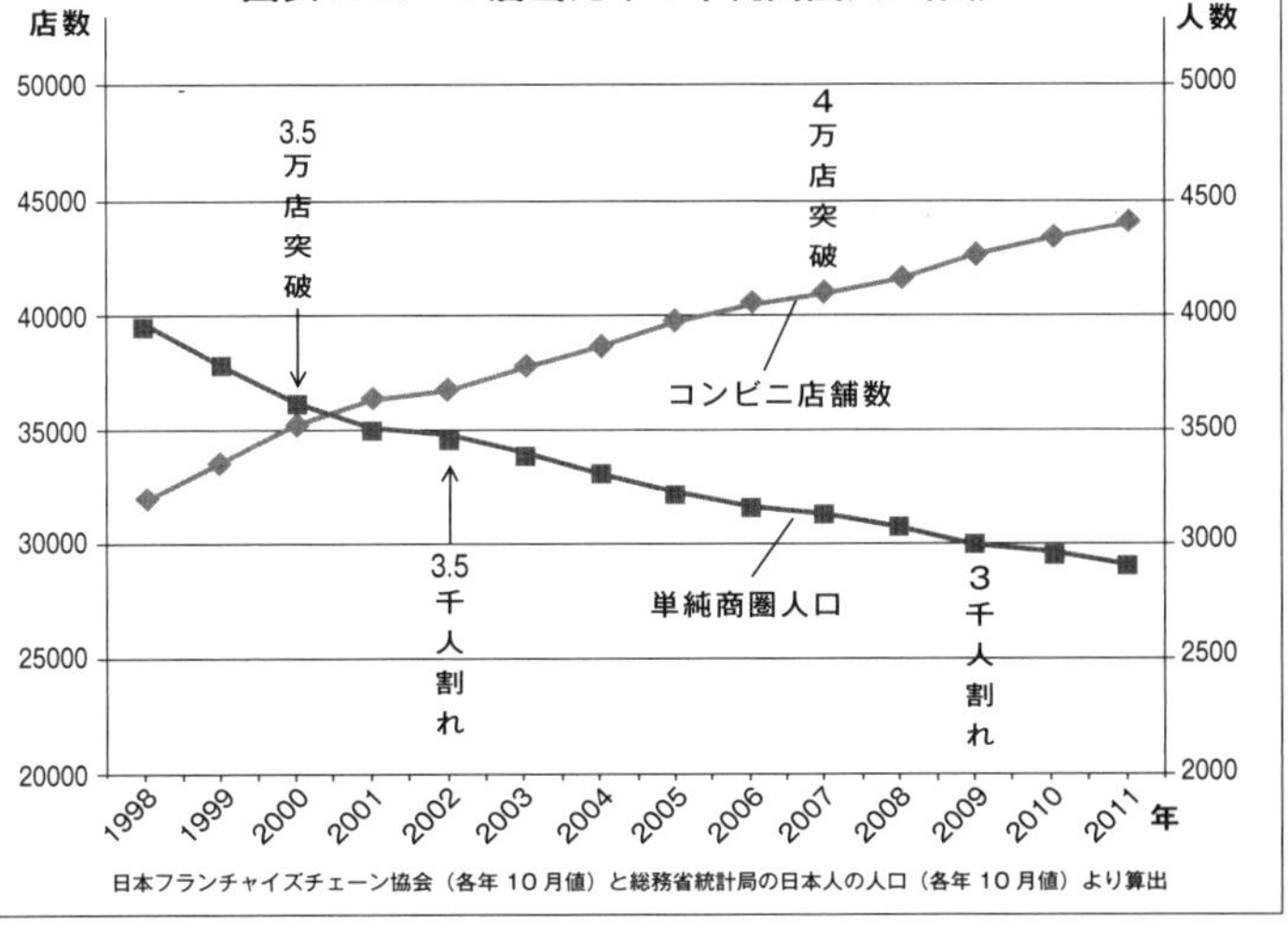

日本フランチャイズチェーン協会（各年10月値）と総務省統計局の日本人の人口（各年10月値）より算出

人口減少社会の到来

全国のコンビニ店舗が4万5000店を超えると、日本の人口比にして、およそ2700人に1店舗の割合になります。この人口比の割合（単純商圏人口）は、コンビニ店舗数の増加とともに、さらに減少していきます。

ただし、単純商圏人口の減少は、コンビニ店舗数の増加だけに原因があるわけではありません。最も深刻な原因は、日本の人口が減っていることです。

日本の人口が増え続けていれば、コンビニ店舗数が増えても、人口比の割合で、単純商圏人口が減ったりしないからです。先ほど述べたような〝飽和説〟に脅かされることもなかったかもしれません。

もっとも、日本の人口が減少していくことは、ずいぶん前から指摘されていました。

女性が一生の間に出産する子供の平均数の指標となる「合計特殊出生率」の低下を多くの国民が認識したのは1989年の「1・57ショック」でした。いつの間にか、人口減少を引き起こす水準を下回るほどに、深刻な少子化に陥《おちい》っていることに気付いたのです。

しかし、その後も出生率は低下し続け、2005年には1・26になります。この年の国勢調査で、日本の人口は1億2777万人と弾き出されました。すると、これをピークに減少していくことが、国立社会保障・人口問題研究所より発表されます。

２００２年に発表した同研究所の将来予測で、すでに人口減少は織り込まれていました。その始まりの年がいつになるのか、２００５年の翌年か、または翌々年かの問題だけです。総務省統計局の「人口推計」で確認しますと、２００７年をピークに翌年から減少しました（図表２―３）。ところが、２０１０年の国勢調査で、日本の人口は１億２８０６万人とされ、若干ながら５年前より増加しました。

特殊出生率も、５年前の１・26を底値に、２０１０年には１・39まで回復しました。

とはいえ、これによって日本の人口減少に歯止めが掛かったわけでもなく、ピークがただ３年後ろにずれただけに過ぎません。

図表２-３　日本の人口推移

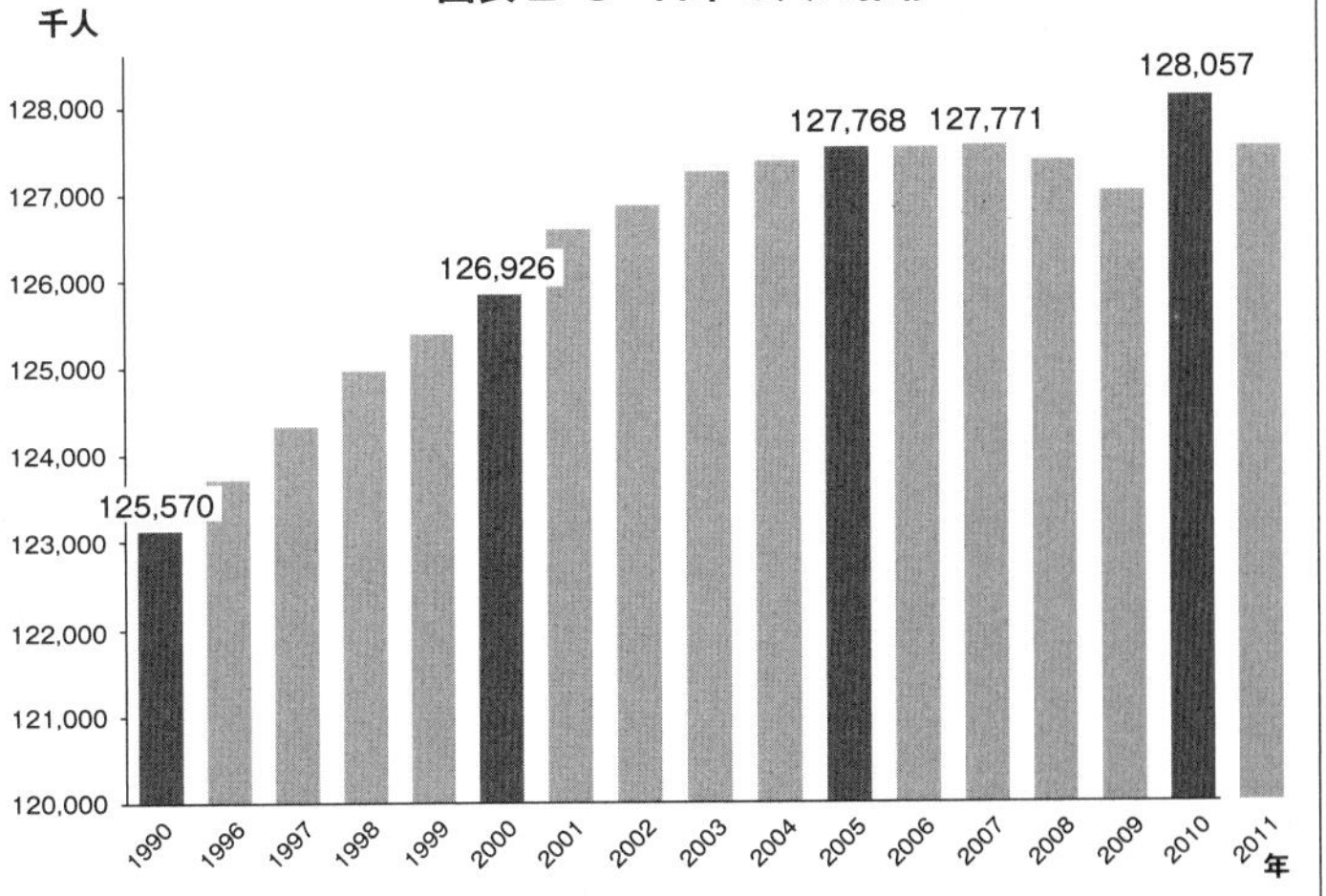

総務省統計局（各年10月、95年、00年、05年、10年は国勢調査値）

先の研究所の推計によれば、38年後には日本の人口は1億人を割り込み、50年後の人口は現在の3分の2となります。

海外に出店するコンビニ

人口減少によって消費が縮小していく日本に対して、海外での店舗展開を活発化させていく傾向が、コンビニの大手チェーンを中心に強まっています。

現在、海外にも出店しているコンビニは、セブン-イレブン、ローソン、ファミリーマート、ミニストップの4チェーンです。すでに、4チェーンの海外での年間の純増店数（出店から退店を引いた）合計は、国内のそれを上回っています。

たとえば、ミニストップは2011年度の国内での純増店数が13店舗だったのに対して、海外では281店舗でした。しかも、国内での出店エリア（27都府県）を増やすより、海外での出店国・地域を増やすことに意欲を持っています。

これまで韓国、フィリピン、中国に出店してきましたが、2011年にベトナム、2012年には、国内小売業では初めて中央アジアのカザフスタンにも進出しました。近々、国内の店舗数と海外の店舗数が逆転するでしょう。

ファミリーマートは、すでに国内の店舗数と海外の店舗数が逆転しています。国内より海外の店舗数のほうが多いのです。早くから海外出店に力を入れてきたからです。

１９８８年の台湾に始まり、韓国、タイへと拡大し、２００３年には国内外の店舗数が1万店を超えて「アジア1万店」キャンペーンを行ないました。翌年に、中国と米国に出店すると「パン・パシフィック2万店構想」を打ち出します。ベトナムに出店した頃から「グローバル2万店構想」に衣替えし、２０１２年に2万店を達成した現在、「グローバル4万店構想」に邁進《まいしん》しています。店舗展開で、国内・海外の区別はなくなっているようです。

セブン‐イレブンは、もともと米国発のコンビニですから、１９７４年の日本出店が海外展開だったことになります。しかし、１９９１年に米国本社の経営に参画して以来、立場が逆転しました。２００５年には世界中のセブン‐イレブンを傘下に収め、現在は日本を含めたアジア、北米、豪州、欧州と世界16カ国に約4万５０００店舗を展開しています。当然に、日本国内の約1万４０００店舗より海外の店舗数のほうが多いです。

いま積極的に海外進出するチェーンのターゲットの中心はアジアです。経済成長著しいアジア各国では、都市型の生活スタイルが広がりつつあります。日本のコンビニの〝成功フォーマット〟が受け入れる素地が広がっているのです。

2 地域とコンビニ

出店地域の片寄り

人口が減少して、いわゆる縮小していく日本に見切りをつけ、コンビニ各チェーンは海外へと脱出して行く……ように見えますか?

もちろん、そんなことはありません。海外戦略を積極的に図るチェーンであっても、日本国内のコンビニ店舗をおざなりにしているチェーンはありません。店舗数にしても、まだ飽和状態に達していないと思っているチェーンは多いのです。

実際にも、まだまだ出店できる地域、さらに、出店してほしい地域はたくさんあります。

実は、国内のコンビニ店舗数を地域別に見ていくと、出店地域に片寄りが見られます。全コンビニ店舗の3割以上は関東圏に集中しているのです(図表2―4)。

しかも、関東圏への集中度は年々増してきました。それは、日本の人口分布がそうなっているからです。

2010年の国勢調査から地域別の人口と世帯数を抽出してみると、首都圏と北関東を合わせ

図表2-4 地域別コンビニ店舗分布（2011年度末）

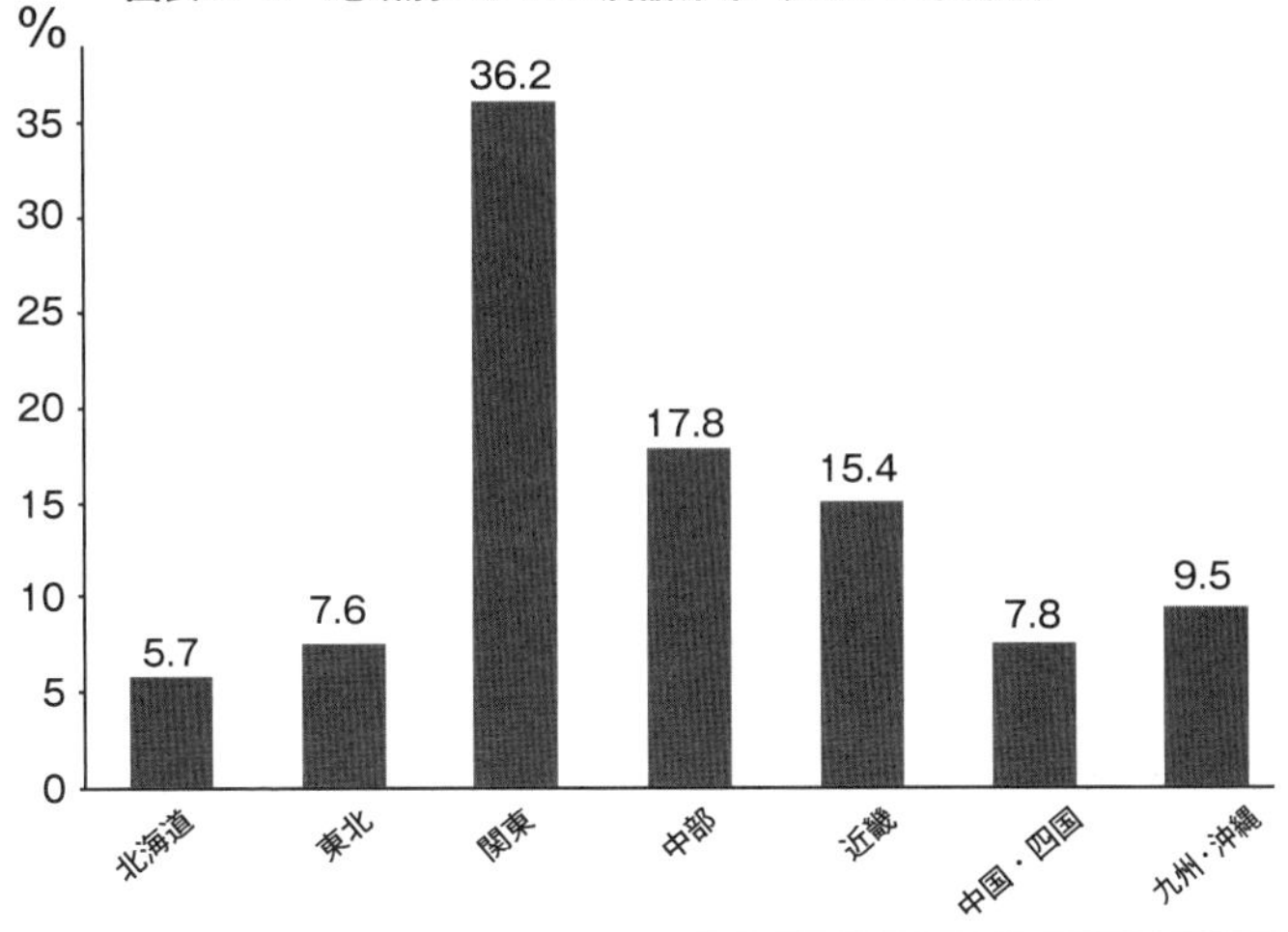

図表2-5 地域別人口と世帯数（2010年国勢調査より）

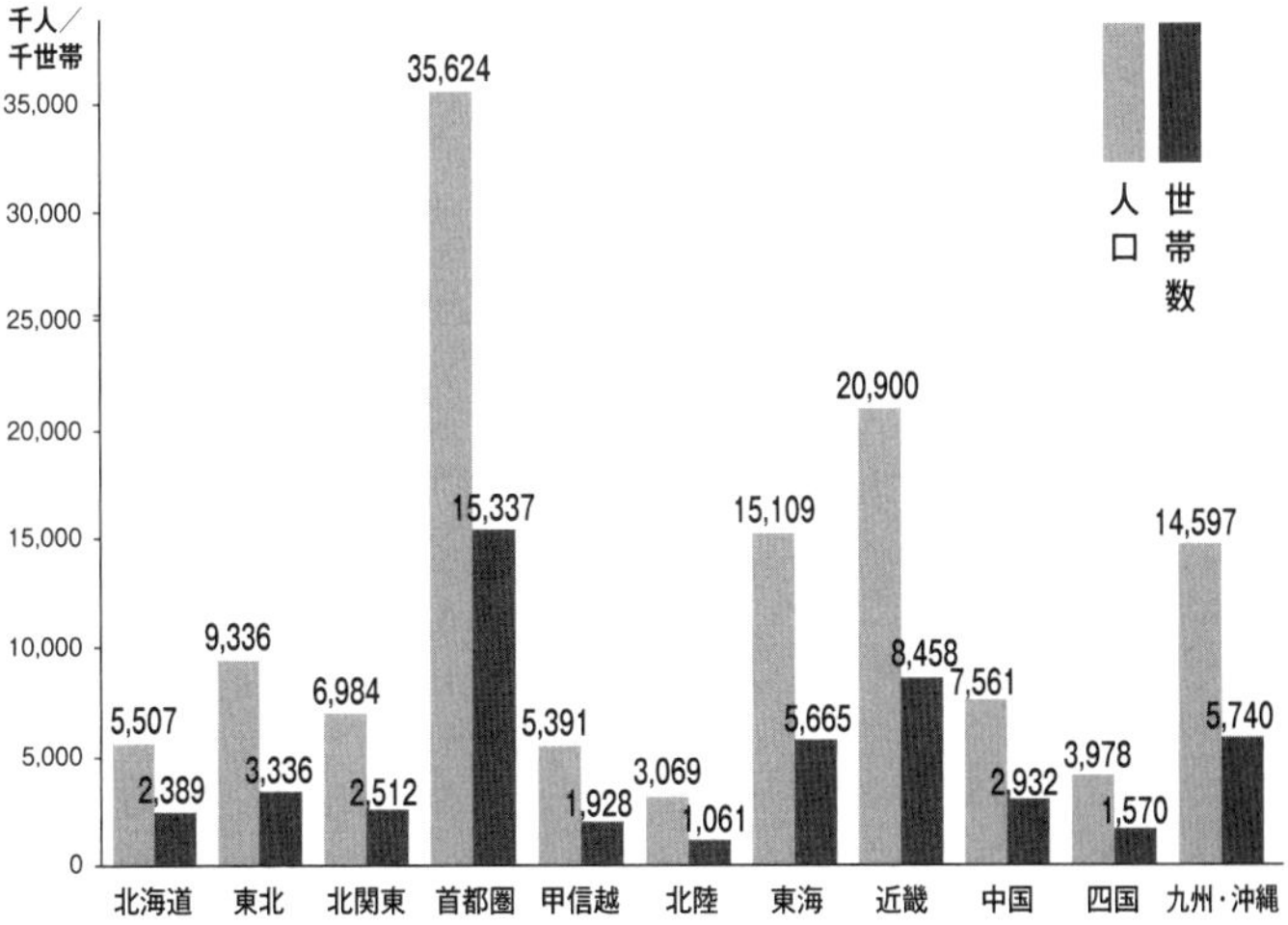

た関東圏に、人口の3割以上が集中しています(図表2—5)。

つまり、コンビニ店舗は人口の多い地域に多いという一見すると当たり前の事実が浮き彫りになります。この人口の多い地域とは、都市部のことです。

もっとも、コンビニが米国から「コンビニエンスストア」として上陸した当初は、地方のロードサイドが似合う店舗でした。

コンビニ弁当、手巻おにぎり、冷し麺などの日本型コンビニ独自の商品開発を進めるなかで、米国では地方のグロサリー(食料品と日用雑貨)チェーンだったコンビニエンスストアは、日本流の都市型コンビニへと衣替えしていったのです。

しかも、コンビニ店舗は全国的にみれば関東圏に集中していますが、関東圏以外の地域でも、各地域の都市部に集中して出店しています。

さらに、都市部への出店にこだわって、これまでコンビニの立地として相応しくないと思われてきた特殊な場所にも出店していくようになります。

特殊な立地への出店

一般的に、コンビニ店舗の出店では、人通りの多い道路に面した場所を良い立地として選定します。何らかの事情で立地環境が変わってしまったときは「リロケート」することも先述しました。それが、2000年以降、さまざまな人々が自由に行き来することのない場所、限られた人だけの閉鎖された空間にも、出店するようになります。たとえば、学校、病院、オフィスビルなど、その施設を利用する人しか訪れない場所です。

商圏としても、不特定多数の人々が自由に出入りするわけではないために、客層が限られ、しかも、今後とも客層が広がったり、客数が増えたりすることが期待できません。

当初、こうした場所を通常の立地と区別して「特殊立地」とか、通常の商圏と区別して「閉鎖商圏」と呼びました。

ところが、客層が限られていることで、店舗を利用するシーンも特定できて、品揃えしやすいことが分かってきました。どんなときにどんなモノやサービスが必要になるのか、同じ場所で同じように過ごす人々では、欲求も似てくるからでしょう。

たとえば、病院のなかのコンビニを利用するのは、患者とその付添人や見舞客、病院で働く医師、看護師、職員などに限られます。患者のために、入院時に必要となる寝巻、腹帯・T字帯、らくのみ（吸いのみ）など、通常のコンビニにはないモノも扱っています。また、抗がん剤治療などで脱毛する場合にはルームキャップ（つばのない帽子）があると便利ですが、病院内のコンビニにはあります。

一方、コンビニの主力商品である弁当・おにぎりは、患者には必要ないように思われるかもしれません。最もよく利用しているのは病院で働いている人々のようです。ただし、食事制限が厳しくない患者には、気分転換にコンビニ食を薦《すす》める医師もいます。ふりかけや佃煮などをコンビニで買っておいて、病院食を〝完食〟するのに役立てている患者もいます。

さらに、病院内ではテレホンカードもいまのところ重宝されています。通常のコンビニでは買われる機会が減りましたが、病院内のコンビニでは目につくところに置いてあったりします。病院内には、一般社会とは違った時間が流れているのです。

こうして、お客が限られていても、品揃え次第で需要の見込めることが分かりました。かえって、客層や客数に大きな変動がないほうが、計画的な仕入れができます。欠品や廃棄のロスも削減できるため、効率的な店舗運営も図れます。

いまでは、通常の立地や商圏のように出店しているので、いつの間にか「特殊」や「閉鎖」といった冠も取れてしまいました。

特殊な立地から学べること

コンビニは店舗数を増やしていくために、かつて立地として相応しくないと思われていた立地をも開拓してきました。

商圏としては狭小であっても、商圏人口に対する店舗利用客の割合が高く、加えて、来店頻度も高ければ、店舗を成り立たせることができるのです。

ただし、商圏人口が増えるという当てはありません。通常、施設のキャパシティーは決まっているからです。マックスの上限があって、それを下回るときもあると考えるべきでしょう。

たとえば、オフィスビルでは、入居する企業が入れ替わるたび、商圏人口が増減することになります。デスクワークをする社員の多い企業もあれば、外回りが多くてオフィスにいる人数は少ない企業もあります。しばらく空きのままの部屋もあるかもしれません。

ビル内のコンビニ店舗は、企業の入退出状況はもちろんのこと、どんな企業が入居してくるかに敏感です。それによって、品揃えすべきモノやサービスが変わってくるからです。自店の将来が掛かっています。

とはいえ、環境の変化は、特殊な立地に限ったことではありません。一般的な立地と言われてきたところも、これまでなら、近くに住宅ができたり、集客力の高い娯楽施設ができたり、商圏人口が増える可能性はありました。しかし、人口減少社会では、商圏人口は減っていくと考えるべきでしょう。

先述したように、コンビニ店舗数の増加と人口減によって、日本の人口に対するコンビニ店舗数（単純商圏人口）は、1店舗当たり3000人を割り込みました。店舗によっては、実際の商圏人口が2000人を割っているところもあります。

商圏人口の減少は、単に客数や売上げの減少を意味するだけではありません。将来にわたって、売上げが伸びない状況が続くということです。

経済活動を行なう企業や店舗にとって、売上増は大きな目標です。最近は、最終目標として「社会的な責任」が普通に語られるようになりましたが、社会的な責任を果たすにも、特に継続して行なう場合には、売上げから利益を上げていくことが重要です。

しかし、経済成長が見込めない現状で、企業も店舗も売上増を求めにくくなっています。それにもかかわらず、企業や店舗の評価を売上げや利益の伸び率で図る風潮は止《や》みません。

コンビニのイメージは変化したか？

コンビニは、大手チェーンを中心に大震災後も高収益を上げました。復興需要を取り込んだこともありますが、業績自体は震災前から良かったので、コンビニへの高い評価は、震災を挟んだ不況時に、業績を伸ばしていることにあります。

日本経済が低迷するなか、業績を伸ばすコンビニの状況は、バブル経済崩壊後の1990年代前半と似ています。その頃も、他の産業に比べて好調だったコンビニは、〝不況に強い〟と言われました。

もっとも、不況なり、災害が起きたりすれば、人々は他のことは我慢しても生きて行くための基本的な生活の維持を優先するでしょう。こうした状況下で、コンビニが人々に支持されたとすれば、それは、生活の基本に密着したモノやサービスを提供しているからと言えましょう。

これまで〝コンビニ＝便利〟という図式が蔓延《まんえん》してきました。同時に、コンビニがもたらした便利さの弊害もたびたび指摘されてきました。

コンビニがもたらした〝便利さ〟とは何であったか。そろそろ便利さを根本から問い直す必要があると思います（これについては最終章で改めて取り上げます）。

もっとも、そんなコンビニが、災害時には〝ライフライン〟となったのです。

ライフラインとは生活に必須なもの、一般的には、電気、ガス、水道、交通、通信などの生活に関わるインフラ設備を指します。

小売業も、同じく生活に欠かせない食料品や日用雑貨などの必需品を供給しているので、ある意味〝ライフライン〟です。そのなかでも、数多くの店舗を情報や物流をシステム化して支えているコンビニは、ライフラインになりやすかったと言えましょう。

しかし、ライフラインとこれまでの便利なコンビニのイメージとの間には、落差があります。

なぜなら、便利なものは、あれば便利だけれど、なくても生活はできるからです。

つまり、コンビニが便利なだけのものなら、コンビニがなくとも生活には困りません。ライフラインとはほど遠いものです。

もし、震災によって人々がコンビニにライフラインを感じたとしたら、コンビニのイメージが変わったのでしょうか?

コンビニ自体は、先の章でみたように、ライフラインとしての自覚を持っています。それが人々のイメージとして形成されていくには時間が掛かります。特に、最初にインプットされたイメージが強烈であるほど、新たなイメージへの転換は難しいものです。

コンビニは便利なだけでなく、生活に必須なものとして評価されるようになったなら、その背景にある企業や店舗の評価も、売上げや利益の伸び率＝成長性より、社会に長く役立っていること＝持続性へと変わっていかなければなりません。

コンビニの地域重視

コンビニがライフラインとして認識されたのは、直接的には、震災が起きたからかもしれませんが、間接的には、店舗数の増加によるものです。頼りにしたくなるほど、身近に店舗があったということです。

もちろん、頼りにされるには、物理的な距離が近いだけではだめでしょう。最も大事なのは、地域で必要とされるモノやサービスを提供していることです。

コンビニが、地域特性に着目するようになったのは、競合が激しくなる1990年代に入ってからではないかと思います。

1980年代から商品の売れ行きを単品ごとに把握できるPOS（販売時点情報管理）システムを導入していましたので、地域による売れ行きの違いは分かっていました。

ただし、POSを使って最初に行なったのは、地域性の実現よりも、個店や立地の違いを出すことでした。

個店による違いを出すことをセブン-イレブンでは「個店対応」と言います。ローソンでは「個店主義」と呼びました。

立地の分け方も、チェーンによって異なるものの、細かく分けているところでは何十通りにもなるようです。出店領域が増えるにしたがって、立地の分け方は増えました。先述した「特殊立地」も、立地の分け方の対応のひとつということになります。

地域性への着目は、コンビニの出店地域の広がりと連動しますが、「ご当地ラーメン」などの地域商材の独自開発が大きな原動力になったことは間違いありません。

1990年代後半、ローソンがコンビニチェーンとして初めて47都道府県への出店を成し遂げました。一方のセブン‐イレブンは「ご当地ラーメン」の袋麺を商品化しました。

2000年代に入って、コンビニの「ご当地ラーメン」は袋麺からカップ麺、有名店による「ご当店ラーメン」に代わって、コンビニ話題の商品となります。こうした商品の売れ行きが、当地・当店のあるところを頂点に、等高線を描くように変化したことは、地域性の存在をまさにクローズアップしました。

さらに、地域商品づくりは、カップ麺から弁当・おにぎり、麺類、デザートへと広がって行きます。どの分野にも共通するのは、売れ筋上位に地域商品がくることです。

当初、地域で好まれる味付けを再現することに主眼が置かれていた商品開発も、だんだん地域の食材を使って、地域おこしに一役かったり、いわゆる地産地消を推進したり、地域貢献を図るものへと変わってきました。

こうした変化の背景には、前章で述べた各自治体との「包括的協定」締結の活発化がありました。

新たなコンビニの出店地域

コンビニが地域の食材を使ったり、地産地消を推進したりするのは、当然ながら地域ニーズによるものです。

今後とも、コンビニが地域の人々から支持を得ていくには、もっと身近な店舗として、その地域に密着したモノやサービスを提供していくことが重要となりましょう。

それには、コンビニ店舗はまだまだ足りない。というか、正確には、本当に必要とされている地域に、まだ出店していないと言うべきでしょう。

出店自体はチェーン規模の拡大につながるので、成長戦略においては是とされますが、商圏人口を確保し、売上げの見込める立地として、人口の密集した都市への出店が優先されてきました。

しかし、立地や商圏は開拓できます。先述した「特殊立地」や「閉鎖商圏」は新たに開拓され、その後に一般的になります。

もっとも、多くの出店が都市の施設のなかです。郊外であっても大学、工場、高速道路のPA（パーキングエリア）など、人の集まるところがターゲットになってきました。

チェーンのなかにも、都市以外、人が集まるとは限らないところへの出店を戦略的に掲げているところもあります。

たとえば、上信越（群馬・長野・新潟）を中心に出店してきたセーブオンのメイン立地は、都市間を結ぶ幹線道路沿いです。車の通行量は多くても、高速道路のPAのように必ず集積するところではありません。

北海道には179の市町村がありますが、そのすべてに出店しようというセイコーマートにとっても、立地は都市部に限りません。むしろ、地方でも店舗を成立させるノウハウこそ、同チェーンの戦略の核心でしょう。

都市部へ人口が集中することで、しばらくは人口増となる地域があったとしても、長い目でみれば、日本は人口減少社会なのです。商圏人口の減少を悩ましく思うのなら、商圏内のすべての人から頼りにされる店舗になるための方法に頭を悩ますべきでしょう。

コンビニ店舗数は増えているのに、地域によっては、店舗不足に陥っているところもあるのです。

3 買い物弱者とコンビニ

買い物弱者の出現

日常の生活必需品について、近くに買い物する店舗がなく、しかも、買い物する場所までの交通機関も脆弱《ぜいじゃく》なために、買い物することに困難を感じている人たちを「買い物難民」または「買い物弱者」と言います。

経済産業省によって、こうした買い物に困難を感じている人たちが、全国に600万人いると推定されました。さらに、その数は増えると予想されています。

どうして買い物弱者が生まれてしまったのでしょうか？

経産省では、2009年に「地域生活インフラを支える流通のあり方研究会」を設置して、買い物弱者が増加している地域に対応した解決策を探っています。

この研究会に関するニュースリリース（報道発表資料）から、同省の考えを拾い上げて行くと、買い物弱者の出現↓「地域生活インフラ」の弱体化↓「地場の中小企業や地域コミュニティ」の衰退↓「少子高齢化や過疎化等の社会情勢の変化」となります。

つまり、買い物弱者が出現した根本的な原因は「少子高齢化や過疎化等の社会情勢の変化」となりますが、最も直接的な原因は「地域生活インフラ」の弱体化です。

「地域生活インフラ」について、研究会では「地域で安全・安心・快適な生活をおくる上で欠かせない基盤となる衣食住や交通・医療・金融等のサービスの総称」と定義しています。

最も注目すべきは、経産省が、こうした「地域生活インフラ」の弱体化に対して、地方自治体、すなわち〝公の力〟だけでは解決できなくなったと考え、研究会を設置して、検討し始めたことです。

東日本大震災や原発事故を経験した私たちは、もう〝公の力〟だけには頼っていられないと実感じました。実際には、それ以前から〝公の力〟の頼りなさには気付きつつあったものが、震災によって明確に自覚されたとも言えましょう。

しかし、経産省は、震災の以前から〝公の力は頼りにできませんよ〟と自ら宣言していたことになります。

もちろん、そう驚くに値することではないかもしれません。小泉純一郎首相の時代に広まった「自己責任」も、その後コロコロ交代する首相には〝任せられない〟と思った有権者によって政権交代した民主党の鳩山由紀夫内閣の「新しい公共」も、裏を返せば〝公の力は頼りにできませんよ〟ということでしたから。私たちは知っていたのです。

経産省の「買い物弱者応援マニュアル」

では、行政だけを頼りにしないで、買い物弱者が増えている問題にどう対処していこうというのでしょうか。

経産省が設置した「地域生活インフラを支える流通のあり方研究会」では、「高度なＩＴシステムや広範な物流ネットワークなどを有する流通事業者等が地方自治体と連携して」対応することを前提に、「買い物弱者応援マニュアル」を作成しています。

マニュアルは、各地域で買い物弱者向けに行なっている具体的な事例を集めたものです。買い物弱者の問題は、まだ一部の地域に留まっているかもしれませんが、今後は増えていくことが予想されるので、問題化してきたときにはマニュアルの事例を参考に対処してくださいということのようです。

事例は、3つの応援方法に分けて紹介されています。①身近な場所に店舗をつくる、②自宅まで商品を届ける、③家から買い物場所まで出かけやすくする、の3つです。①は採算が合わないために店舗が撤退してしまった地域へ、採算が合うようビジネスモデルを工夫して店舗をつくった事例、②は民家の分散した地域へ、移動販売車、もしくはネットスーパーや生協の宅配などのしくみを利用して商品を届ける事例、③は住民の要請によって、バスやタクシー等の企業の協力を得て、安価な交通手段を提供し、出かけやすくした事例です。

現在までに「マニュアル」は2回にわたって公表され、事例は24に上っています。もちろん、事例はこれに留まらないのですが、紹介されているなかでは、②の移動販売車、③のコミュニティ型バスやタクシーの運行で、行政からの補助金を使っている事例が多いようです。車両の維持運営コストが大きな負担になるためです。

〝公の力〟だけではできないサービスを流通事業者などの〝民の力〟を借りて〝官民一体〟で行なうにしても、サービスを継続していくためには、行政の補助がないほうが望ましいと考えられます。

たとえば前章で紹介したコンビニの移動販売車は各チェーン内で採算を合わせています。

農水省の「食料品アクセス問題」

サービスを継続していくために、経産省の「マニュアル」では、事例を挙げた後に7つの工夫を提案しています。

まず、行政に対しては、①買い物弱者マップをつくり、②地域ごとに課題を把握すること。次いで、事業者には、③輸配送ルートの効率化、④ITの活用、⑤遊休設備や公的施設の活用によって運営基盤をつくること。最後に、住民（と行政）に対して、⑥運営は住民主体で、⑦みんなの連携によって事業継続を図ることです。

最初の「買い物弱者マップ」は、農林水産省が2011年に発表した農林水産政策研究所の「食料品アクセス問題」についての報告書でも用いられています。

農水省の「食料品アクセス問題」の報告書では、高齢者の増加と食料品店の減少等によって日本でも「フードデザート（食の砂漠）」が顕在化したとしています。

「フードデザート」は、英国政府が1990年代にスーパーマーケットの郊外化や食料品店の撤退によって、自国のダウンタウンに住む貧困層に起きた問題を指して使った言葉です。

農水省では、フードデザートを「安価で良質な食料品を購入することが事実上困難な地域」と定義し、「食料品へのアクセスに不便や苦労がある状況」を「食料品アクセス問題」と言います。買い物弱者の出現について、経産省が「地域生活インフラ」の弱体化からアプローチしているのに対して、農水省では「食料品アクセス問題」として捉えていることになるでしょうか。

経産省の「地域生活インフラ」には、衣・食・住＋交通、医療、金融等のサービスが含まれます。農水省の「食料品アクセス問題」で焦点を当てているのは食料品ですから、経産省の「地域生活インフラ」に包括されてしまうはずです。

経産省が全国に600万人いると推計している買い物弱者について、農水省は人口と商業の地域メッシュデータを使って、食料品店までの距離が500m以上＋自動車を持たない人として推計しています。この方法は、経産省の「マニュアル」で推奨している「買い物弱者マップ」のつくり方と同じです。

農水省によると、その数は260万人。もっとも、食料品店を生鮮食料品も扱う店舗に限れば、その数は910万人に跳ね上がります。経産省の推計を超えてしまいました。

買い物弱者は高齢者に限らない

経産省の600万人という買い物弱者の推計は、60歳以上に行なった意識調査を基にしています。「地域の中で不便を感じている点」に対する調査で「日常の買い物に不便」が最も高い割合になったうえに、5年前の調査より急増したことから、買い物弱者が浮かび上がってきました。これによれば、経産省が買い物弱者と捉えているのは、60歳以上ということになります。

一方、農水省の「食料品アクセス問題」では、食料品アクセスに問題を抱えているのは決して高齢者に限らないことを調査によって明らかにしています。

よく買い物する店舗との距離が遠いほど、不便や苦労を感じる人の割合は、高齢者に限らず高くなりますし、距離との関連では、高齢化率の高い中山間地域でも自動車を運転できれば不便さは軽減され、かえって、地方都市の中心地のほうが不便さを感じている人が多いようです。

また、大都市郊外の団地に暮らす「子育て世代」では、近くの店舗の品揃えに満足できないため、より遠くの店舗へ出かけていかざるを得ないことに不便さを感じています。

年齢以上に、住んでいる地域の環境が、買い物への不便や苦労に強く関連しているように見えます。

ただし、農水省で910万人と推計される生鮮食料品アクセスに問題を抱える人のうち、高齢者（65歳以上）は350万人で、日本の総人口に占める割合からすると、910万人が約7％なのに対して、350万人は65歳以上の人口の約14％に相当しますから、買い物弱者が高齢者に片寄っているのが現状です。年齢を踏まえても、買い物の不便や苦労を解消するには、地域環境に合わせて手段を変えることが求められます。

農水省では、大都市郊外の団地では買い物サポートサービスの充実、地方都市の中心地では店舗を維持したり、新店をオープンしたり、中山間地域では移動販売店の開設と品揃えの充実などを提案しています。

地域によって異なる課題

経産省でも、「買い物弱者マップ」をつくった後に、地域ごとに課題を捉えるよう「マニュアル」で奨励しています。

農水省では、大都市郊外の団地、地方都市中心地、中山間地域の3地域に分けて対処方法を提案していますが、経産省はそれより多い5地域に分けています。具体的には、農水省の3地域に、大都市の中心市街地、地方都市の周辺地を追加しています。

大都市の中心市街地は、高層ビルの立ち並ぶオフィス街で、商業施設はあっても、意外と生鮮食品などの日常に必要な商品を扱う店舗がなかったりします。

地方都市の周辺地では、従来からの交通機関が徐々に廃《すた》れて行くのに、店舗は田園地などに点在しているためにアクセスしにくくなっています。

この5つの地域パターンごとに、先に挙げた①身近な場所に店舗をつくる、②自宅まで商品を届ける、③家から買い物場所まで出かけやすくするという買い物弱者への3つの応援方法を組み合わせれば、地域の課題に応えやすくなるというわけです。

もっとも、経産省の「マニュアル」が取り上げている24事例のうち、半数は過疎地（中山間地域、離島）のことです。①店舗をつくったり、②移動販売車などで商品を宅配したり、③コミュニティ型バスを巡回させたり、他の地域に比べると支援方法のバリエーションも豊富です。

次いで、事例の多い地方都市では、ネットスーパーや宅配による買い物支援、拠点をつなぐコミュニティ型バスの運行が中心となっています。

逆に、事例の少ない地域が、大都市の中心地とその郊外です。この地域での事例はマスコミもしばしば取り上げるため、私たちが知る機会も多いので、わざわざ外しているのでしょうか。

都市部の買い物弱者支援

都市部でのコンビニは、先述したように、商圏人口が増えない特殊な立地にも果敢に出店してきました。特殊な商圏内のニーズに応えて、通常の店舗とは違った品揃えも図ってきました。

さらに、大規模な高層ビルが林立する大都市の中心地では、生鮮品（特に野菜）を扱うコンビニ店舗も増えています。

コンビニ店舗より規模の大きな食品スーパーを出店するだけのスペースがなく、都市生活者が、近くで生鮮食品を購入できなくなっている不便に応えたものです。

さらに、コンビニ店舗並みの小規模な「ミニスーパー」や「生鮮コンビニ」も、盛んに開発されています。店舗の規模はコンビニと同じか少し大きい程度ですが、コンビニ店舗が扱うより多くの生鮮食品を揃え、その調理に必要な調味料などの品揃えを強化しています。生鮮品などの食料品をコンビニ店舗より安価に手に入れたいという地域住民のニーズに応えたのです。

代表的な「ミニスーパー」には、小売大手のイオングループが手掛ける「まいばすけっと」、代表的な「生鮮コンビニ」には、ローソンによる「ローソンストア100」があります。

「まいばすけっと」は、2005年に1号店を出店してから、首都圏中心に約250店舗を展開しています。2012年には、札幌市内にも出店しました。

一方の「ローソンストア１００」も、２００５年に1号店を出店しましたが、先に生鮮コンビニを手掛けていた同業者を傘下に収め、首都圏中心ながら、中京圏、近畿圏、仙台や福岡にもすでに出店しており、約１２００店舗を展開しています。

もっとも、「ミニスーパー」も「生鮮コンビニ」も都市型店舗として開発されました。言い換えれば、都市部以外への出店は考えられていません。

通常の食品スーパーが出店しづらい都市の中心地域だからこそ成り立つビジネスモデルになっているからです。

たとえば、都市部のビルではテナントの入れ替わりが激しいので、テナントが出た後に原則的には居抜きで出店します。通常なら店舗建設から始めて、その投資コストを営業するなかで回収していくわけですが、日々の運営コストも掛かるなか、地価の高い都市部では、初期の投資コストを居抜きによって抑えるのです。

ローソンによれば、通常のローソンを出店する場合には約６０００万円のコストが掛かるところ、ローソンストア１００の場合には約２５００万円で済みます。

しかも、コンビニ店舗のような公共料金などの代金収納代行サービスはありません。銀行ＡＴＭやコピー機を導入していない店舗も多く、こうしたサービス機能を省《はぶ》くのも、初期コストの削減につながります。

しかし、サービス機能を省いて店舗に掛かるコストをできるだけ抑えた分、コンビニ店舗よりも生鮮品を中心とした食料品の品揃えを豊富に、そして、安価に提供することで差別化を図っています。

都市部は人口密度が高いため、すべての消費者ニーズに応えなくても、あるニーズに特化しても店舗として成り立ちます。これもすなわち、地域に対応した店舗づくりと言えましょう。

コンビニの買い物弱者支援

経産省の「マニュアル」に戻って、そこで取り上げる24事例のうち、コンビニが関係する事例は2件に留まっています。

ひとつは、応援方法①の事例で、北海道の過疎地に店舗をつくっているセイコーマートです。もうひとつは、応援方法②の事例で、セブン‐イレブンの店舗に来られない人に食事などを届けるセブン・ミールサービスです。コンビニは、店舗数が多く、商圏人口が少なくても成り立つ店舗をつくってきたので、もっと買い物弱者に対して貢献できそうに思われます。

しかし、これまでのコンビニの出店戦略では、セイコーマート、セーブオンなど一部のチェーンを除くと、都市部に片寄って出店する傾向が見られました。

その都市部では、先述のように、コンビニ店舗以外にも、地域住民の不便を解消するための店舗づくりが工夫されています。

多くのチェーンが都市部への出店を強化しているために、都市部での店舗競合が激しくなる一方で、都市の周辺では、店舗が不足している地域が広がっているのです。

コンビニは、食品や日用品といった必需品を扱うだけの店舗ではありません。公共料金などの代金を支払ったり、ＡＴＭでは現金を出し入れしたり、振り込んだりもできます。

この点では、農水省の「食料品アクセス問題」を解決するだけでなく、経産省の「地域生活インフラ」の整備に貢献するものです。

問題は、どうしたら必要としている人々の地域で、コンビニの店舗や機能などを役立てることができるかです。

第1章でみたように、東日本大震災では、仮設店舗や移動販売車などを駆使して、コンビニ各チェーンともに積極的に支援を図ってきました。

日常的な買い物弱者の支援にも、徐々に活用されつつありますが、まだまだ事例が少ない状況です。

次章では、買い物弱者の割合が高い高齢者に対してコンビニが取ってきた対策を概観しながら、買い物弱者対策を考えてみたいと思います。

コラム❷

日本のコンビニ発展史～フランチャイズとボランタリー

コンビニという店舗が日本に出現して、そろそろ40年の月日が経ちます。世に流布している日本のコンビニ起源説では、1974年、東京都江東区にオープンしたセブン‐イレブン1号店が有力ですが、そう言うにはいくつか条件が付きます。ひとつには米国直輸入のフランチャイズ方式の店舗であったこと、またひとつには直営店でなく、加盟店であったことなどです。

1970年前後には、セブン‐イレブンに限らず、あちこちでコンビニ形態の店舗（小型店）開発が模索されていました。

たとえば、ファミリーマートは1973年に当時親会社だった西友が埼玉県狭山市にオープンした直営実験店を1号店としています。また、セイコーマートの1号店は1971年に北海道札幌市にオープンしていますが、地元の大手酒類問屋の丸ヨ西尾が、取引先の酒販店とともに開発した店舗形態なので、元はボランタリー方式によるものでしょう。ココストアの1号店も1971年で、愛知県春日井市にオープンしましたが、地元の大手酒類問屋イズミックによる直営店でした。

この当時、問屋が本部となって取引先の小売店を支援する目的でコンビニ形態の店舗に転換する事例が、各地で見掛けられました。セイコーマートやココストアと同様の出自を有するチェーンに、ポプラ、コミュニティ・ストアなどがありますが、当時の多くは残念ながら姿を消してしまいました。

一方、セブン-イレブン、ローソン、ファミリーマート、サークルKサンクス、ミニストップと、現在のコンビニ上位5チェーンはすべて小売企業により開発され、最初からフランチャイズ方式で加盟店を増やしてきました。

日本のコンビニの黎明期には、ボランタリー方式とフランチャイズ方式の2つの方式によって、多店舗（チェーン）化が進められていたのです。しかも、ボランタリー方式のほうが少し早くから動き出していました。

※　※　※

実は、ボランタリー方式とフランチャイズ方式では、目的が異なります。

先述のように、ボランタリー方式では問屋を本部に取引先の小売店が集まってチェーン化します。その目的は、「流通革命」の呼び声とともに小売業の花形に躍り出てきたスーパーマーケットの猛威に対抗することでした。

スーパーマーケットは、直営方式で多店舗化を進めるチェーン・ストアです。それまで野菜は八百屋、豆腐は豆腐屋と分けていた買い物を1カ所で済ますことができるうえに、価格も安くて品揃えも豊富だと、消費者の支持を集めてきました。しかも、同じチェーンの店舗であれば、同じ商品が揃っています。

食品から日用雑貨、実用衣料、さらには家電や娯楽用品など、品揃えの幅を広げるにつれて、店舗規模（売場面積）もどんどん大きくなっていきました。消費者が便利な大型スーパーマーケットに流れると、中小の小売店は経営が苦しくなります。取引先を同じくする小売店が集まって、共同で商品を仕入れたり、物流を統一したり、経営の効率化を図ったのがボランタリー・チェーン（VC）です。

しかし、大型スーパーマーケットの勢いは止まりません。とうとう、1973年に大店法（大規模小売店舗における小売業の事業活動の調整に関する法律）が成立し、翌年に施行されました。

実質的に、中小の小売店を守るために、大型店の出店に規制を掛けたのです。その後に改正された大店法で、具体的に500㎡（約450坪）以上の売場面積の店舗出店には調整を要するとしました。

逆に言えば、それより小さな規模の店舗なら自由に出店できると考えた大手小売業は、チェーン展開できる小型店の開発に乗り出しました。先述したセブン‐イレブンをはじめとする上位5チェーンのコンビニは、こうして開発されたフランチャイズ・チェーン（FC）です。

VCとFCのどちらの方式が店舗数を増やすのに適していたかは、現在の状況が物語っている通りです。また、ボランタリー方式から始めたコンビニも、現在に至っているチェーンは、ほぼフランチャイズ方式に改めたり、部分的に取り入れたりしています。

ボランタリー方式が、既存の小売店の支援を目的としているのに対して、フランチャイズ方式では、既存の小売店に限らず、小売経験のない個人には店舗運営ができるだけのノウハウをパッケージにして提供し、店舗数増を目指します。このため、フランチャイズ方式では本部による加盟店への統制力が強く、本来は対等であるはずの関係も小売業に精通する本部のほうが実質的には優位な立場に立ちます。見方によっては、本部の指導に従って汗水たらして働いた加盟店の利益をチェーン本部が吸い上げているように映るでしょう。

もっとも、FCは米国で開発されたビジネスモデルですが、その米国でも、そういう見方をされてきたようです。

1950年代にチェーン・ストア理論を日本に紹介した渥美《あつみ》俊一《しゅんいち》氏から、米国でフランチャイザー（FC本部の経営者）と名刺交換する際に、「私どもは良心的なフランチャイザーです」と言い添える人が多かったという話を直接に聞いたことがあります。

日本にFCを導入する際に、日本的な商習慣に合わせてビジネスモデルが改竄《かいざん》された結果、本部と加盟店が対等な関係でなくなったと言う人がいるようですが、この点は的外れと言えましょう。

確かに、米国とは商習慣が異なるので、そのまま導入はできませんでした。それ以上に消費者の買い物の仕方や生活習慣が異なっていたため、日本独自に開発してきたことが多かったようです。

きれい好きで、嗜好《しこう》性に富んだ日本の消費者に合わせて、店内外の清掃に気を配り、単品で商品の売れ行きをチェックして、毎日来店しても飽きない品揃えにするために、加盟店にはきめ細かな店舗運営を求めることになったかもしれません。しかし、そうした店舗運営を行なってきたからこそ、日本の消費者に支持され、今日のコンビニの繁栄につながったとも言えるでしょう。

さらに、この日本型のコンビニは、いまアジア各国に輸出されています。

第3章

少子高齢社会とコンビニ

1 高齢化とコンビニ

避けられない高齢化

日本の人口減少は、出生率の低下と高齢化率の上昇によって引き起こされています。具体的には、人口に占《し》める65歳以上の高齢者の割合が増え続け、逆に、15歳未満（0～14歳）の年少者の割合が低下し続ける状況として認識することができます。

この状況、つまり、高齢者の割合が増え、年少者の割合が減る状況は、いつから始まったのでしょう。人口統計を遡《さかのぼ》ってみますと、高齢者の割合は、戦後一貫して増え続けてきました。一方の年少者の割合は、1950年前後に35％を超えていたのをピークに、ずっと低下し続けています。どうりで、私たちは、この状況をしごく一般的なものと受け止めてきたわけです。しかも、この状況のなかで、1960年代から高度経済成長を遂げ、1980年代の終わりには「ジャパン・アズ・ナンバーワン」とまで言われるようになったのです。

一般的に、高齢者の割合が7％を超えると「高齢化社会」と言います。7％を超えると、その後の高齢化率が急速に上昇することが指摘されているからです。日本の高齢化率が7％を超えたのは、1970年のことでした。

指摘のとおり、その後の高齢化率の上昇は目覚ましく、1994年に14％、2005年に20％を超えました。14％を超えると「高齢社会」、20％を超えると「超高齢社会」という言い方をされることもあります。

高齢化率が7％を超えた時点で、次の「高齢社会」や「超高齢社会」の到来は、避けられないことだったと言えましょう。

もちろん、人口減のもうひとつの要因である出生率の低下を抑えて、年少者の人口を増やせば、高齢化率の上昇を抑えることはできるはずです。

たとえば、フランスは、出産と子育てを支援する政策を手厚くすることで、低下した出生率を高めた国として知られています。高齢化率も、フランスのほうが日本より高かったのですが、1990年代、ちょうど14％を超える頃に日本が追いつき、あっという間に引き離してしまいました。いまや、日本は世界で最も高齢化率の高い国になっています。

とはいえ、フランスの高齢化が止まったわけではありません。上昇率が緩《ゆる》やかになっただけです。

バブル景気と少子化

高齢化を止められないにしても、高齢化率の上昇を緩やかにすべきだという意見はあります。フランスのように少子化に歯止めを掛ける政策を手厚く行なうのです。

高齢化が必然であれば、高齢化に伴って社会システムを変えていく必要があります。しかし、急激に高齢化しては変革が間に合いません。

さらに、他国に先んじて高齢化していくのは、もっと大変です。他にお手本となるモデルがありませんから、有効な手立てを探しているうちに、問題が山積してしまうかもしれません。日本は、まさに、いい手を打てないまま、急激な高齢化を経て、人口減少社会へと突き進んでしまいました。

日本が、1989年の「1・57ショック」で深刻な少子化に陥っていることに気付いた1990年にも、手は打てたはずです。

そう言えば、内閣府の特命担当大臣に「少子化対策担当」というポストがあります。小泉首相時代の「青少年育成及び少子化対策担当」が前身とすれば、2000年代から手は打ってきたというべきかもしれません。しかし、ショックを引き起こすほど低い数値の1・57（合計特殊出生率）を今日に至るまで上回ることはありませんから、手は打てども有効ではなかったということになります。

1990年前後、日本はバブル景気に浮かれていました。とても将来の憂《うれ》いを考えて行動する余裕などなかったのです。

何しろ、人口から高齢者と年少者を引いた生産年齢人口（15〜64歳）は、戦後ずっと増え続けていました。年少者の割合がピーク時から1割以上も減ったときでも、生産年齢人口の割合は増加していたのです。ショックと言いながらも、それほど深刻ではなかったのかもしれません。

その生産年齢人口の割合が、最も高くなったのが1991年です。ピークの到来とともに、バブルもはじけました。

生産年齢人口はその後も増えて、1995年にピークを迎えます（図表3―1）。

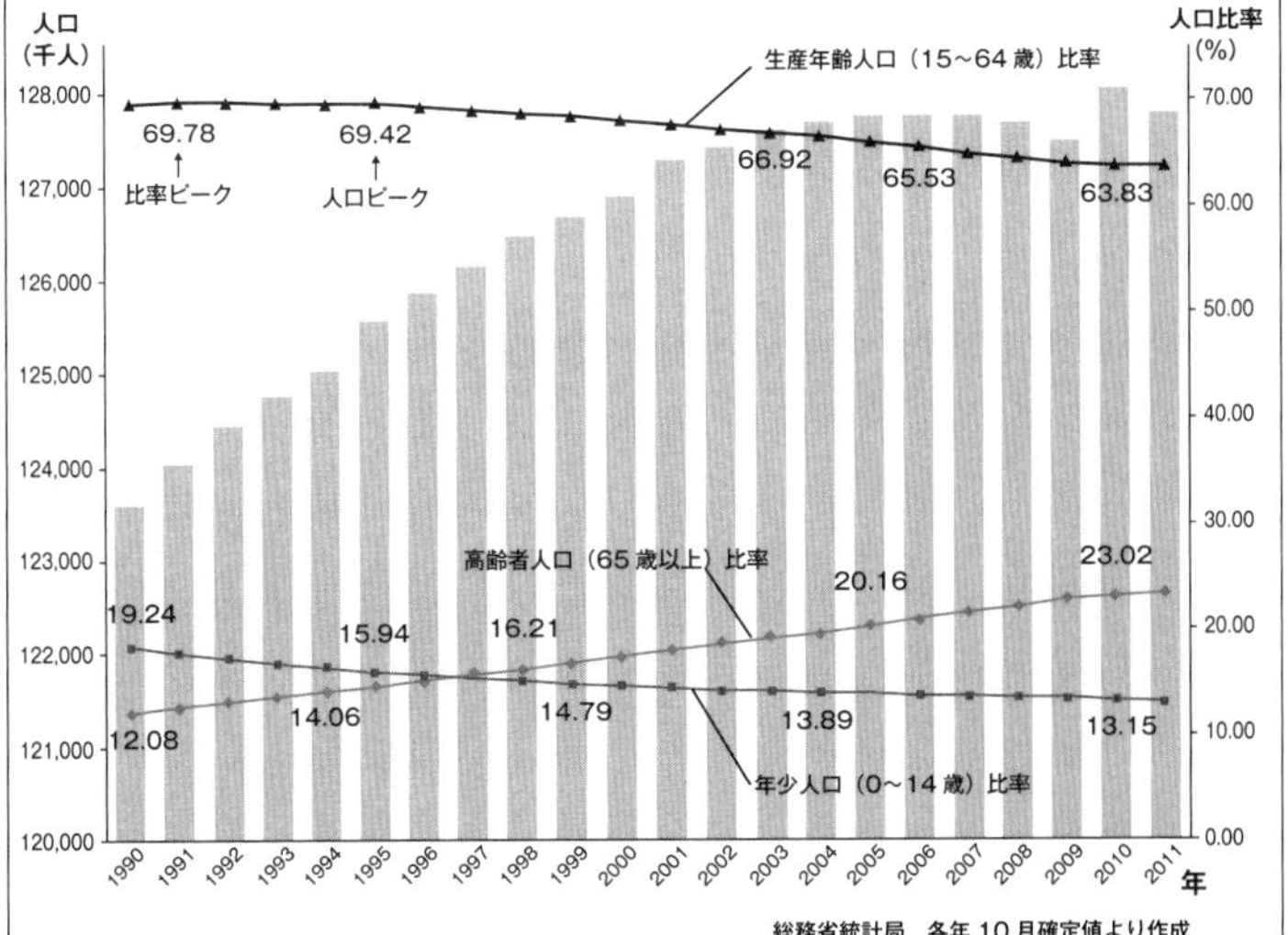

図表３-１　日本の人口年齢区分別比率の推移

総務省統計局　各年１０月確定値より作成

しかし、生産年齢人口の増加より、高齢者や年少者との比率バランスのほうが、人口構造上では重要なポイントだったのでしょう。バブル経済の崩壊は、そのバランスが限界に達したときに起こったように見えます。

バランスはさらに崩れ、1997年には、高齢者と年少者の割合が逆転します。

コンビニも若者の店ではなくなった

コンビニも、人口の変動に大きく影響されてきました。

コンビニを最初に支持したのは、若者層でした。なかでも、コンビニの主要客層となったのは、都市部で一人暮らしをしている若者男性です。

一人暮らし（単身世帯）は、1960年代から80年代まで、全世帯の2割前後で推移していたのですが、1990年前後から目に見えて増加します。その中心が若者男性の一人暮らしでした。男性は、今日でも、20代で一人暮らしの割合が最も高くなります。

ただし、もう20年もすると、若者よりも中高年の一人暮らしの割合のほうが高くなることが予測されています。

次いで、コンビニの支持層に加わったのが、働く女性でした。1980年代後半には男女雇用機会均等法も施行されて、女性に占める有職率が高まるだけでなく、男性と同じように長時間働くようになったために、コンビニを利用する機会につながりました。

とはいえ、女性のコンビニ利用は男性に比べれば少ないもので、１９９０年代でも、コンビニ客層に占める女性比率は２～３割でした。それでも徐々に増えて、いまでは４割を超える店舗も珍しくありません。

セブン‐イレブンでは、自チェーンに来店する客層の割合を公表していますが、バブル経済が崩壊した１９９１年には、来店客の６割以上が20代までの若者層で占められていました（図表３―２）。

コンビニといえば、若者の店というイメージが長い間ついて回ったのも、この頃までの印象

図表3-2　セブン—イレブン来店客層変化　日本の人口年齢比との比較

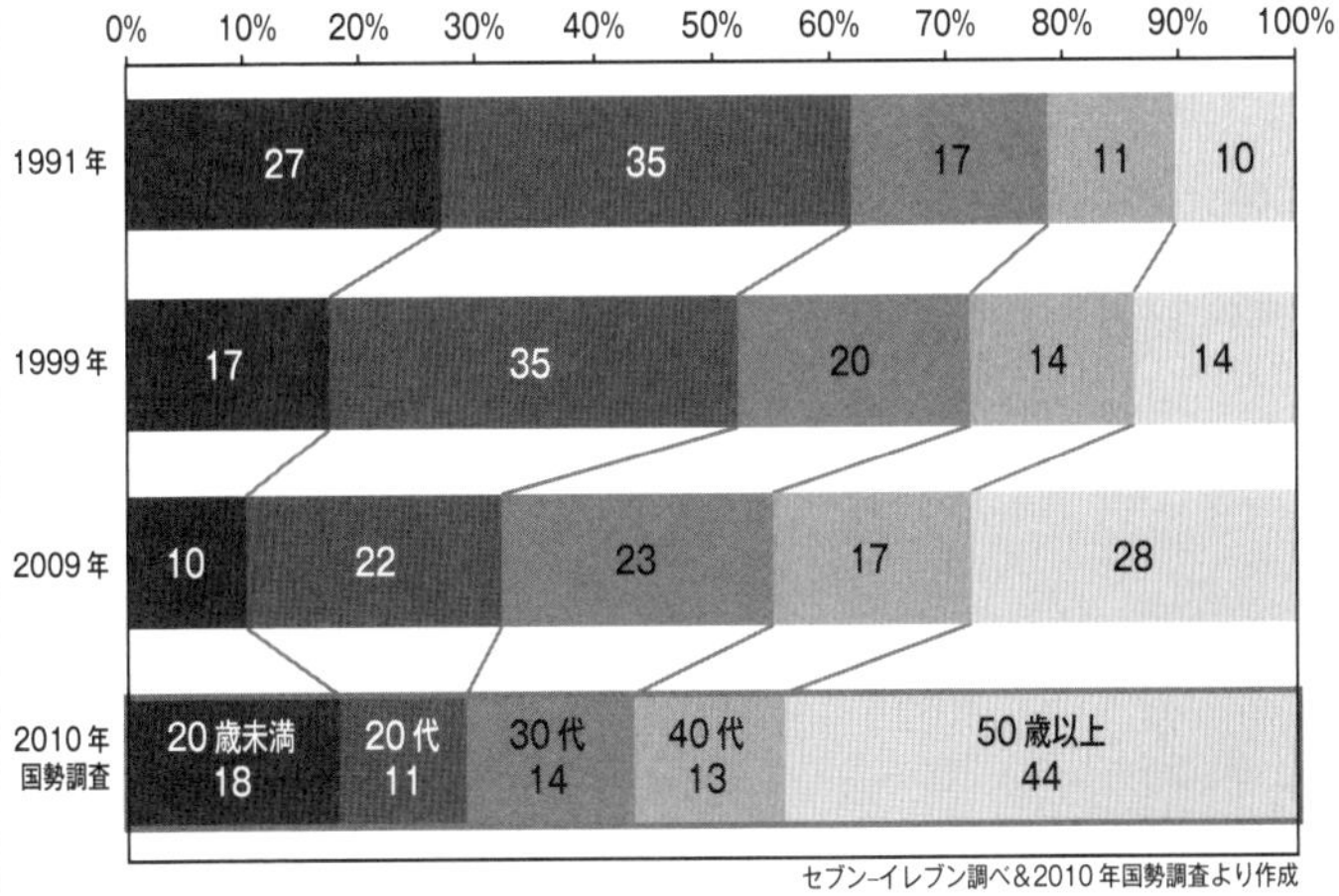

セブン-イレブン調べ＆2010年国勢調査より作成

が強烈だったからでしょう。

しかし、昨今では、セブン－イレブンの来店客の約7割は、30代以上です。約20年の間に20代以下の層と30代以上の層の割合が逆転してしまいました。もう若者の店とは言えなくなっているのです。

この間に、人口に占める年代の割合も変化しています。若い世代の割合が減って、50代以上の割合が増えました。

２０１０年の国勢調査から日本の人口の年代割合を出してみますと、50代以上で4割を超え、40代以上では約6割にもなります。ずいぶんと人口の高齢化が進んだものです。

これに対して、セブン－イレブンの客層に占める40代以上の割合は45％です。まだ過半数には達していません。

増える高齢客、減る子供客

コンビニは、これまでの主要客層の若者だけでなく中高年から高齢層、さらに、働く女性だけでなく専業主婦、一人暮らしだけでなく子育て家庭などへと、客層の幅を広げてきました。

狭い商圏、少ない商圏人口でも店舗が成り立つための要諦《ようてい》のひとつが、客層の拡大だからです。

コンビニがいかに従来よりも狭い商圏、より少ない商圏人口で成り立つように革新してきたかについては、前章で述べました。

特定の層だけに利用される店舗に比べれば、幅広い層に利用してもらえる店舗のほうが、客数を多く取り込むことができます。それだけ、商圏内での自店の〝カバー率〟が増すことになるからです。

東日本大震災の後にも、高齢層や主婦層のコンビニ利用が増えて、チェーンの業績を押し上げました。

全国的に出店しているチェーン全体でみれば、1店舗当たりの商圏内の客層に片寄りがあったとしても、人口に占める年代割合に、来店客の年代割合が相似しているほうが、広く客層を捉えていることになります。

先に挙げた図表3−2のセブン‐イレブンの来店客層でも、最も多い年代が1999年には20代でしたが、10年後には50代以上になっています。近い将来には、過半数が40代以上になるでしょう。

つまり、日本の人口が高齢化していくのに伴って、コンビニの客層も高齢化していくのです。

もっとも、客層の高齢化は、店舗にしろ、商品にしろ、ブランドという観点からするといい兆候とは言えません。

なぜなら、既存の客層は、そのままでは歳をとっていきますから、店舗や商品を衰退させないためには、次世代の客層を育てていく必要があるからです。

たとえば、ロングセラーと言われるブランドは、何世代にもわたって愛用されます。親から子へと引き継がれ、新陳代謝を図ることで、ブランドの活力を保っているのです。

1990年前後にコンビニの主要客層であった20代も、現在は40代です。今後は高齢になるほど消費（額）も減っていきます。

昔の高齢者に比べれば、いまの高齢者は消費意欲の高いことが知られています。高齢になるほど減少する消費曲線が、昔より現在のほうが緩やかになっているからです。

それでも、高齢になれば消費は減るのですから、現状を維持するにも、若い世代を客層に取り込んでいくことは欠かせないのです。

ところが、図表3―2で分かるように、セブン‐イレブンの客層に占める20歳未満の割合は極端に減ってしまいました。

要因は、子供たちの生活スタイルの変化にもあるでしょう。

安全対策から、子供だけで出歩くことはほとんどなくなりました。保護者同伴の場合にコンビニを利用しても、保護者が代金を支払えば、客としてカウントされるのは保護者になります。中学生以上では、塾通いも増え、仲間内でも行動するようになりますが、コンビニをよく利用する派とほとんど利用しない派に極端に分かれるようです。子供だけで買い物行動をする機会が減っているかもしれません。

とはいえ、コンビニの客層から未成年者が減っている最大の要因は、日本の人口に占める年少者の減少にあります。この点でも、コンビニの将来は、日本の将来に重なります。

少子化と高齢化は別問題

日本の人口構造の現状は「少子高齢化」と一言で語られることが多いのですが、本来、「少子化」と「高齢化」は別の問題として考えるべきことでしょう。

少子化は、出世率の問題で、出世率の低下に伴って子供の数が減少していく深刻な社会現象です。一方の高齢化は、人口に占める高齢者の割合が増加する社会現象で、少子化が遠因にありますが、長生きする人々が増えなければ高齢化もありませんから、長寿の点では喜ばしいことです。

すでに、超高齢社会を迎えてしまった日本では、長寿を本当に喜ばしいものとできる社会にしていく必要があります。せっかく長生きしても、たとえば、寝たきりの期間が長くては本人もつまらないでしょうし、社会的なコストも増えるだけです。

すなわち、長生きすればいいのではなく、できるだけ健康で〝いきいき〟しかも〝若々しく〟

社会生活を送れる期間を長くすることです。

そのための「アンチ・エイジング」の研究も進んでいます。もっとも、アンチ・エイジングにはふたつの側面があると思います。

何年か前に、有名医大の公開セミナーに参加したときには、サーチュイン遺伝子（長寿遺伝子）を活性化させる話を聴きましたが、具体的には老化に伴う免疫力の低下、高血糖や高血圧などからくる生活習慣病の予防についてのことでした。確かに、健康的に生活するには重要な話なのですが、シミとかシワとかをなくして見た目の若々しさを取り戻すような話を期待していたので、ちょっとがっかりしたのを覚えています。

しかし、最近に参加したシンポジウムで、その見た目の若々しさを保つためのアンチ・エイジングの研究成果を聴きました。

やはり、高齢になって元気に生活を送れるとしても、身体のなかから健康であると同時に見た目も若々しくありたいもの。ふたつのアンチ・エイジングが揃ってはじめて、超高齢社会を豊かにできそうです。

コンビニが行なう高齢者の保護

コンビニ店舗の入口付近で、ガラスに張ってある〝ぞうさん〟マークの入ったポスターを見掛けたことはありませんか？

「エスゾウくん」と言います。胸に「ＳＳ」とあるのは「セーフティ」と「ステーション」の頭文字で、エスゾウくんはコンビニの「セーフティステーション活動（ＳＳ活動）」のシンボルです（Ｐ１３３、グラフの下）。

ＳＳ活動は、コンビニ業界として、地域の安全や安心に貢献するために、日本フランチャイズチェーン協会（ＪＦＡ）に加盟するコンビニチェーンが、２００５年から自主的に始めた取り組みです。

普段から、自店の防犯対策（強盗や万引き等の防止策）を講じると同時に、緊急事態（事故、急病人等）には１１０番や１１９番に通報したり、店舗に助けを求めて駆け込んでくる女性、迷子の子供、高齢者などを保護したり、店前にたむろする青少年には帰宅を促したり、地域住民や自治会、ＰＴＡなどと連携を取り合って活動しています。

もちろん、20歳未満にお酒やたばこを販売しないとか、18歳未満には成人向け雑誌の販売や閲覧をさせないとか、ペットボトルなどのリサイクルに協力したり、店舗周辺を清掃したりすることも含まれます。

第1章で述べた災害時の帰宅困難者への支援活動もこの一環です。

こうしたSS活動をコンビニ各チェーンは「社会的責任」の一環と位置付けていますが、実際に行なっているのは加盟店です。

チェーン本部自体は大きな企業で、加盟店は、その支援を受けているとはいえ、それぞれに独立した小規模な小売業者に過ぎません。こんなに大きな社会的責任を負ってくれていることに、個人的には頭が下がります。

現在では、警察、消防、自治体などの行政とも連携していますが、2000年に、警察庁から「まちの安心安全の拠点に」と協力要請を受けたのが始まりだそうです。約4年間の試験期間を経て、本格始動しました。

コンビニ店舗の24時間営業には賛否両論あります。しかし、警察庁は24時間営業だからこそ、コンビニに白羽の矢を立てたのです。

実は、高齢者の保護について把握したくてJFAの資料を調べましたら、高齢者や子供よりも多かったのは、女性の駆け込み対応でした（図表3―3）。

女性の駆け込みのうち、約3割がストーカー被害によるもので、その対応時間も過半数が23時台から5時台に掛けての深夜帯だというのです。コンビニの灯りが、女性にとっていかに心強い

図表3-3 コンビニ店舗での保護件数

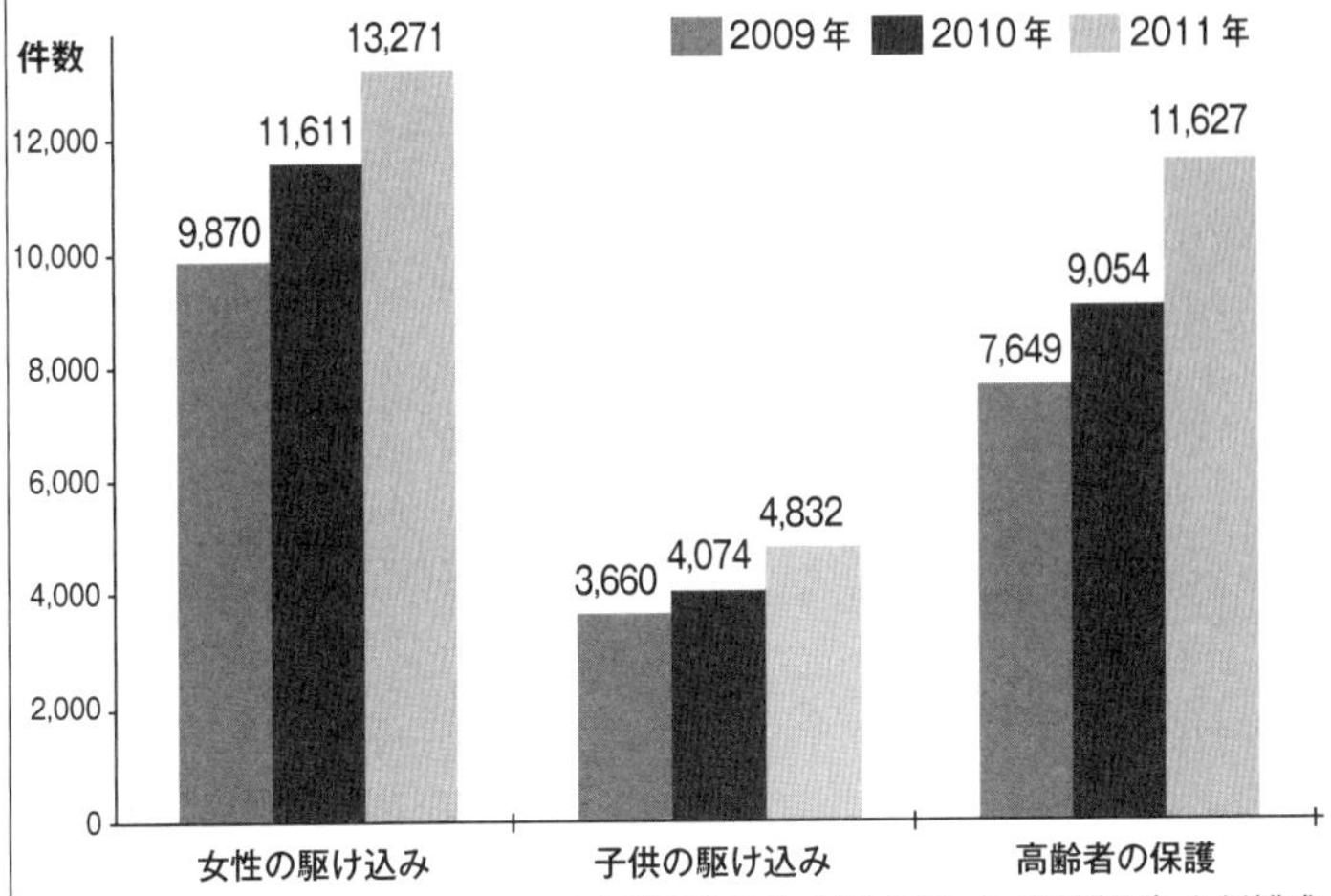

コンビニエンス セーフティステーション活動リポートより作成

コンビニエンスストア店頭

ものかを感じさせます。

一方、高齢者の保護は、過半数が徘徊、約3割が急病やケガへの対応で、最も多い時間帯は12時台から17時台の昼間です。

高齢者が狙われやすい振り込め詐欺への対応も、最近は強化しています。一時は、詐欺グループが、銀行でなくコンビニのATMに高齢者を誘導するケースが増えているとされましたが、詐欺被害を未然に防ぐコンビニ店舗の事例も増えてきました。

「シルバー」+「ケータイ」+「ATM」が、振り込め詐欺を防止するための合言葉だそうです。つまり、高齢者（シルバー）がケータイ（電話）で話しながらATMを操作していたら、声掛けして事情を伺うというのです。店舗スタッフの声掛けで、高齢者も我に返って落ち着くことができます。

高齢のコンビニ店舗オーナーの活躍

コンビニのSS活動からすると、高齢者は「サポートを必要としている人」という意識になりがちです。

しかし、実際には、サービスを提供している側のコンビニ店舗のオーナーにも、65歳を超えて活躍している人は大勢います。

セブン-イレブンによれば、現役の店舗オーナーの平均年齢は約52歳です。サークルKサンクスの場合は48歳ですから、コンビニの店舗オーナーの平均年齢は、だいたい50歳前後というところでしょうか。

ただし、実際の年齢分布は、セブン-イレブンの店舗オーナーの場合、20代前半から70代後半まで、非常に幅広いものです。70代でも「体力気力次第で十分に活躍できるんです」と、同チェーン本部は言います。

加盟時の年齢などの条件も、以前に比べて緩和されてきました（図表3―4）。

1990年代までは、年齢に上限を決めているチェーンが多かったのですが、現在は下限年齢だけで上限には条件を付けないチェーンが増

図表3-4 チェーン本部が土地建物を用意する場合の加盟オーナーの年齢と専業条件

	年齢条件		専業（専従）条件	
	1999年時 →	2012年時	1999年時 →	2012年時
セブン・イレブン	50歳未満	55歳まで	夫婦	夫婦・親子・兄弟のうち2名
ローソン	55歳まで	20歳以上55歳まで	夫婦	夫婦・親子・兄弟のうち2名
ファミリーマート	20歳以上55歳以下	20歳以上（内装費負担で条件なし）	夫婦	夫婦、三親等以内で2名
サークルK/サンクス	20～55歳/55歳以下	20歳以上65歳以下	夫婦/家族2人以上	夫婦、四親等以内で2名
ミニストップ	20歳以上54歳以下	20歳以上	夫婦	夫婦・親子・兄弟のうち2名（内装費負担で家族条件なし）
デイリーヤマザキ	25歳以上50歳くらいまで	20歳以上	夫婦	夫婦や家族（1人専従も可）

※サークルKとサンクスは、1999年時に別々の条件が2012年時には統一

えています。上限の年齢を決めているなかでセブン‐イレブン、サークルKサンクスは、以前より年齢を引き上げました。

しかも、セブン‐イレブンでは、55歳までという年齢条件に対して、直近1年間に加盟した50代は全体の2割を超えています。サークルKサンクスは、年齢条件が65歳以下で、60代の加盟者は約1割ですが、50代は約3割に上ります。

年齢の緩和とともに、専業（専従）条件も緩和されました。コンビニ店舗は24時間営業を基本としているので、家族の理解と協力が欠かせません。経営に専従できる者も、1名では不十分で、2名以上必要とされてきました。

2名が仲良く助け合って経営していくのに、夫婦が相応しいとの考えから、以前には夫婦での加盟を条件に掲げるチェーンが大半でしたが、未婚者も増えている現在、夫婦の縛りは解かれました。

昨今では、研修制度や本部サポートを充実させて、専従1名で加盟を認めるチェーンも出てきています。年齢とか専従人数より、体力・気力、熱意や勤勉さのほうが、オーナーには必要な条件だとチェーン本部も考えているようです。

コンビニのチェーンに創業30年を超えるところが増えて、オーナーにも加盟して10年以上や15年以上、さらに20年以上を誇る人も現われています。加盟時に40代、50代だった人はいまや60代、

70代。子世代に承継した店舗を多く見掛けますが、先代時と変わらず、地域住民の信頼は厚いように見えます。

この間、コンビニの果たす社会的な役割はどんどん大きくなってきました。地域への貢献活動も増えています。

期待に応えて、地域の要となる店舗づくりのできるオーナーが求められます。歳を取っても頼りにされるという歳の取り方もあるのです。

2 「おひとりさま」とコンビニ

消費単位の変化

日本の人口が減少に向かっているのとは逆に、全国の世帯数は増加しています。2010年の国勢調査によれば、全国の世帯数は5000万世帯を超えました。

人口が減少していくのに、世帯数が増えるのは、すなわち、1世帯当たりの人数が減っていることを意味します。

2010年の国勢調査で、1世帯当たりの全国平均人数は、2・46人でした。2005年の国勢調査では2・57人でしたから、2・5人を割ってしまいました。

都道府県別にみても、平均世帯人数が3人以上は山形県一県のみです。最も世帯人数の少ない東京都は、すでに20年も前に3人を割っています。2010年時点、かろうじて2人を保っていた平均世帯人数も、いまや2人を割ってしまいました。

さらに、家族類型別にみると、これまで「夫婦+子供」で構成される世帯が最も多かったのですが、2010年の国勢調査で「単身」の世帯数のほうが多いことが分かりました。

単身世帯（一人暮らし）は、今後も増えていくことが予測されます。その他に、「夫婦のみ」「1人親+子供」といった世帯も増加しています。一方、夫婦+子供の世帯は、世帯人数の減少とともに、減ってきました。

夫婦+子供の世帯は、長らく「標準家庭」とか「標準世帯」と呼ばれることがありましたが、数の上では〝標準〟と言えるような家庭（世帯）ではなくなりました。

こうした世帯の構造的な変化は、生活の単位や消費の単位に大きく影響します。

家庭（世帯）は生活の基盤であると同時に、その生活に必要な収支（所得と消費）をまとめる家計の基盤だからです。

世帯人数が減って、家族類型として単身世帯が増えたことで、生活や消費の単位は、確実に以前より小さくなっています。

たとえば、テレビや雑誌、料理本などのレシピには、以前は「4人前」の記載が多かったように思いますが、最近は「2人前」のほうがよく見掛けます。食品スーパーでも、当たり前に、少量サイズ、小パックを揃えるようになりました。

一方、コンビニでは、以前から、商品サイズの基本は「1人前」です。弁当に限らず、惣菜も1パック「1人前」。試しに、店頭でパック入りサラダ（パウチ入りのではありません）を買って表示を見てください。内容量の記載はなく、代わりにカロリーを筆頭に栄養成分の表示がされていることに気づくはずです。

「1人前」と決まっていれば、内容量よりもその「1人前」を摂取したときのカロリーや塩分などを知りたいと思う人は多いでしょう。実際に、生活習慣病などを気にする人には重宝がられています。

高齢者が〝いきいき〟と〝若々しく〟生活するためにも、食生活においてカロリーや栄養成分に気を付けて商品を選ぶことは重要です。この点で、現状の商品にはパッケージ裏面に100g当たりの栄養成分を表示されているものが多いようですが、本来は、1人前量を食べたときの栄養の摂取量と同時に、それが1日に必要な摂取量のどの程度を補うものかが分かることが望ましいと言えます。

コンビニが「1人前」を徹底してきたのは、もともと、世帯でなく、個人を消費のターゲットとしてきたからです。

つまり、1世帯当たりの人数の減少によって世帯の消費単位が、個人の消費単位に近づいたことになります。

「個食」から「おひとりさま」まで

世帯人数が減少し、単身世帯が増加したことで、世帯の消費単位が個人のレベルに近づいたと言いましたが、食事のシーンでは、もうずっと以前から「個食」が当たり前になっています。

コンビニは、提供する食品のサイズが基本的に「1人前」なので、「個食」にはちょうどいい店舗と言えましょう。

しかし、「個食」は、もともと、家族団欒《だんらん》に対して、一人で好き勝手に食べることを問題視する言葉として登場しました。コンビニは、その問題の食行動を助長する店舗として、家族団欒を支持する人々から、糾弾されてもきました。

東日本大震災を経験して、「絆」が重要視され、家族や友人などと一緒に会食する機会が増えたようですが、毎日、毎食一緒というわけにもいきません。特に、離れて暮らしている家族との会食は、休祝日や誕生日などの特別なイベントのときに限られます。普段はやはり「個食」のままです。

もっとも、「個食」に対するイメージは変わりました。

すでに、数年前の消費者調査で「個食」のイメージに「自由な」とか「安らぐ」といったポジティブな言葉を選ぶ人が、「つまらない」や「寂しい」といったネガティブな言葉を選ぶ人より多くなっていました。同時に「一人で食事をするのが好き」という人も半数に及びました。

一人で食事をするのは、つまらないというより自由で解放感があり、寂しいというより静かで安らぎを感じるというのです。

決して、皆で集まって食事をするのがイヤというのではありません。皆で食べれば楽しいし、家族や友人とのコミュニケーションを促進してくれます。一方、リラックスしたいときは、一人で食事をすることを選びます。

ポジティブに一人で食べることを選ぶのですから、栄養のバランス、健康や美容への影響を念頭に置いて、メニューを選んでいる人も少なくありません。

よく、普段には家族のために食事をつくっている主婦が、たまに一人で食事をするときは〝出来合いのもの〟で簡単に済ませるという話を聞くことがありますが、これは逆のシーンと言えます。基本は、普段の食事にあります。普段の食事こそ充実させたいと、誰しも思うものでしょう。

「個食」のイメージがポジティブに反転する頃登場した言葉に「おひとりさま」があります。

もともとは、30代以上の独身女性が一人で旅行や外食などに出かけるライフスタイルを応援する言葉だったようですが、いまや老若男女を問わず、また食事に限らず、生活全般にわたって一人の時間をポジティブに使っているときに使われます。「おひとりさま」は、一人で何でもするという意味で「自助」であり、「自立」しています。

そういう「おひとりさま」にとっても、コンビニは使い勝手のいい店舗です。コンビニは「個食」だけでなく、生活全般にわたって「おひとりさま」を支える店舗になっています。

増える高齢の「おひとりさま」

2010年の国勢調査で、一般世帯に占める単身世帯の割合が3割を超えました。この20年間で約10ポイントも増えました。

その単身世帯のなかでは、高齢の単身世帯の占める割合が増えています。特に、1995年以降に急伸し、単身世帯の約3割を占めるまでになっています（図表3－5a）。

単身世帯といえば、これまで結婚前の若者のイメージがあったかもしれませんが、これからは、高齢者に取って代わられることになりそうです。

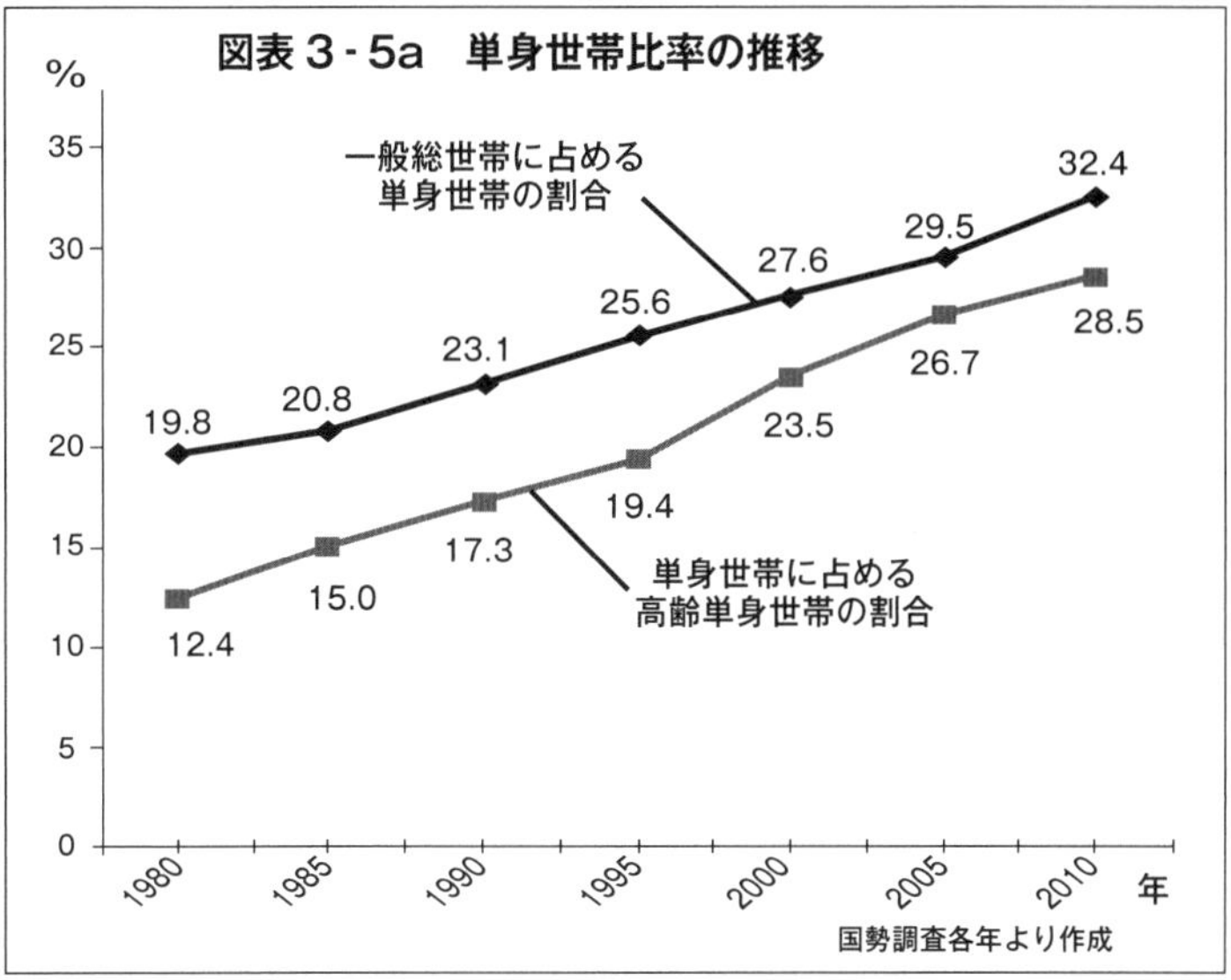
%
35
30
25
20
15
10
5
0
一般総世帯に占める
単身世帯の割合
19.8
20.8
23.1
25.6
27.6
29.5
32.4
単身世帯に占める
高齢単身世帯の割合
12.4
15.0
17.3
19.4
23.5
26.7
28.5
1980
1985
1990
1995
2000
2005
2010
年
国勢調査各年より作成

図表3-5a 単身世帯比率の推移

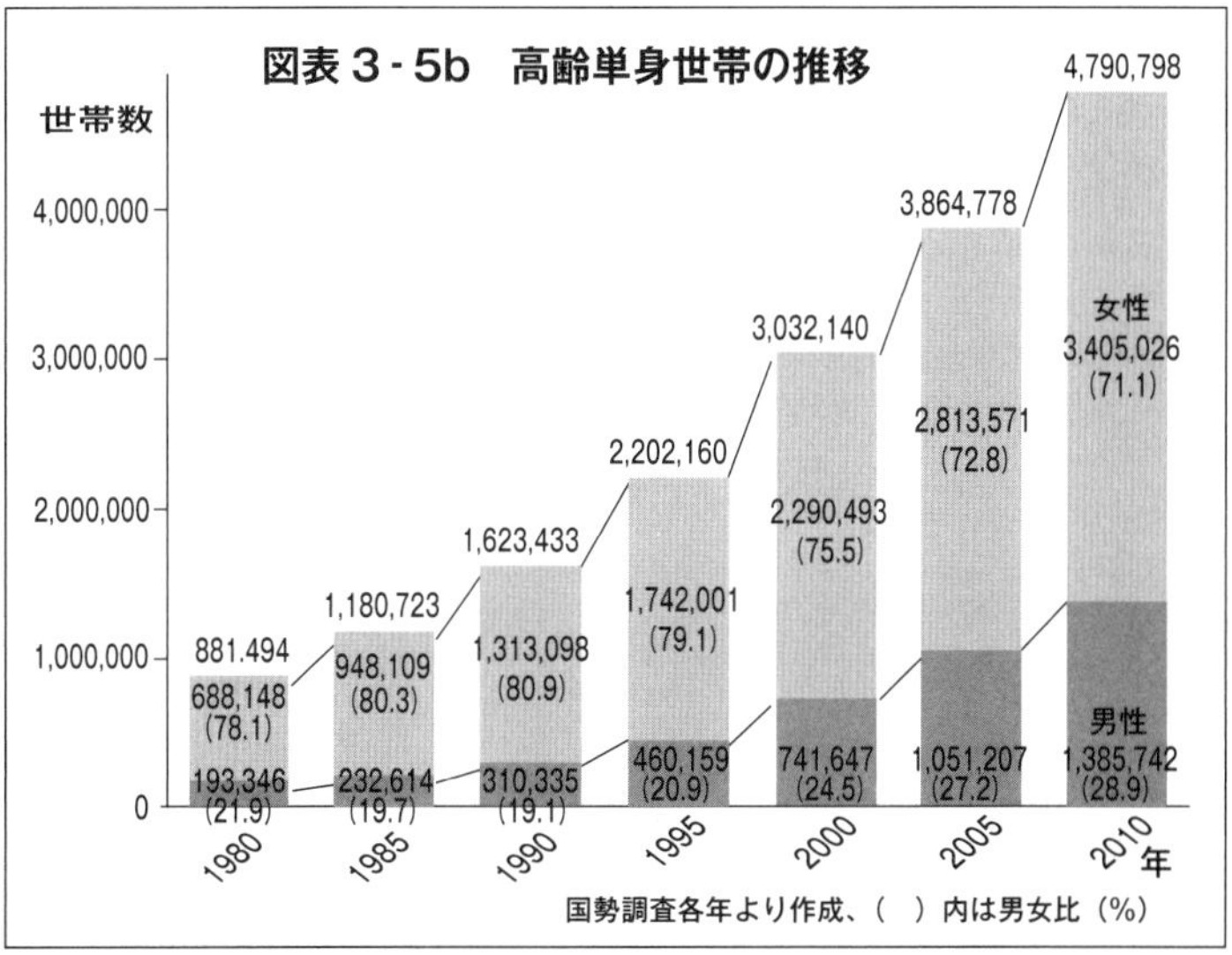
世帯数
4,000,000
3,000,000
2,000,000
1,000,000
0
881.494
688,148
(78.1)
193,346
(21.9)
1,180,723
948,109
(80.3)
232,614
(19.7)
1,623,433
1,313,098
(80.9)
310,335
(19.1)
2,202,160
1,742,001
(79.1)
460,159
(20.9)
3,032,140
2,290,493
(75.5)
741,647
(24.5)
3,864,778
2,813,571
(72.8)
1,051,207
(27.2)
4,790,798
女性
3,405,026
(71.1)
男性
1,385,742
(28.9)
1980
1985
1990
1995
2000
2005
2010
年
国勢調査各年より作成、（ ）内は男女比（%）

図表3-5b 高齢単身世帯の推移

しかも、若者の単身世帯では男性のほうが女性より多かったのですが、高齢の単身世帯では圧倒的に女性です（図表3―5b）。「おひとりさま」のイメージには、いまも元気な女性が最もピンとくるところですが、高齢女性の「おひとりさま」も、そのまま元気であってほしいものです。

一方で、高齢男性の「おひとりさま」も、1990年代以降に急増してきました。高齢単身世帯に対する男性の割合は、この20年間で2割から3割に増えました。さらに20年経つと、約4割になるだろうと予測されています。

高齢女性の「おひとりさま」の増加は、平均寿命の延伸にも原因があります。

現在でも、女性の一人暮らしの割合は、20代を除けば、高齢になるほど高くなります。男性が高齢になっても単身より夫婦2人世帯のほうが多いことからすると、女性はパートナーを亡くした後に一人暮らしになることが多いからでしょう。

女性と男性の平均寿命には、6～7歳ほどの開きがあります。今後も平均寿命の延伸が予測されていますが、男女の開きはそのままのようです。

そうであれば、単身世帯に占める男女比も変わらないはずなのに、男性の割合が増えるのはなぜでしょう。

人口統計のなかに「生涯未婚率」というデータがあります。50歳になった時点で、これまで一度も結婚したことのない人の割合を表わします。50歳を過ぎて結婚する人もいるでしょうから、生涯を未婚のまま過ごす人の割合ではありませんが、データの名称は「生涯未婚率」です。

その生涯未婚率は、1980年代まで男性より女性のほうが高かったのです。といっても、女性の割合で4％前後にすぎませんでした。1980年代後半から、男性の割合が急増し始めると、1990年代に女性の割合を抜いてしまいました。少し遅れて女性の割合も増加し始めましたが、伸長率は男性のほうが高いようです。もう10年もすると、男性で2割を超え、女性でも2割近くに達すると予測されています。

つまり、男性の場合には、生涯未婚率の急伸が、高齢男性の「おひとりさま」の増加につながっていると思われます。

内食化と食の外部化

もう一度、「食」に関する話題に戻ります。コンビニは、売上げの約3分の2は食品ですし、今後とも、日常の食生活に深く関わっていくことになると思うからです。

「おひとりさま」が増えているなか、一人の食事というと、何となく外食が多いようなイメージがあります。自宅で1人前の献立を用意するのは面倒ですし、外食したほうが安上がりな場合もあります。

ところが、外食の市場規模は1997年をピークに右肩下がりなのです（図表3―6）。

東日本大震災の後、外食を控える傾向が強まったとされますが、もっと以前から外食市場は縮小していたのです。

バブル経済が崩壊して以降、低価格のファストフード店や居酒屋などの外食チェーンが増えたことも理由のひとつですが、大きな理由は、家計を切り詰めるため、外食を控える人が増えたことです。

総務省の家計調査で、外食に費やす支出額は、2000年時に総世帯の月平均で約1万5000円だったのが、2005年に1万3700円、2010年には1万2600円と、減っています。

外食に対して、家庭で調理しての食事を「内食」

図表3・6　外食・中食の市場規模と食の外部化率の推移

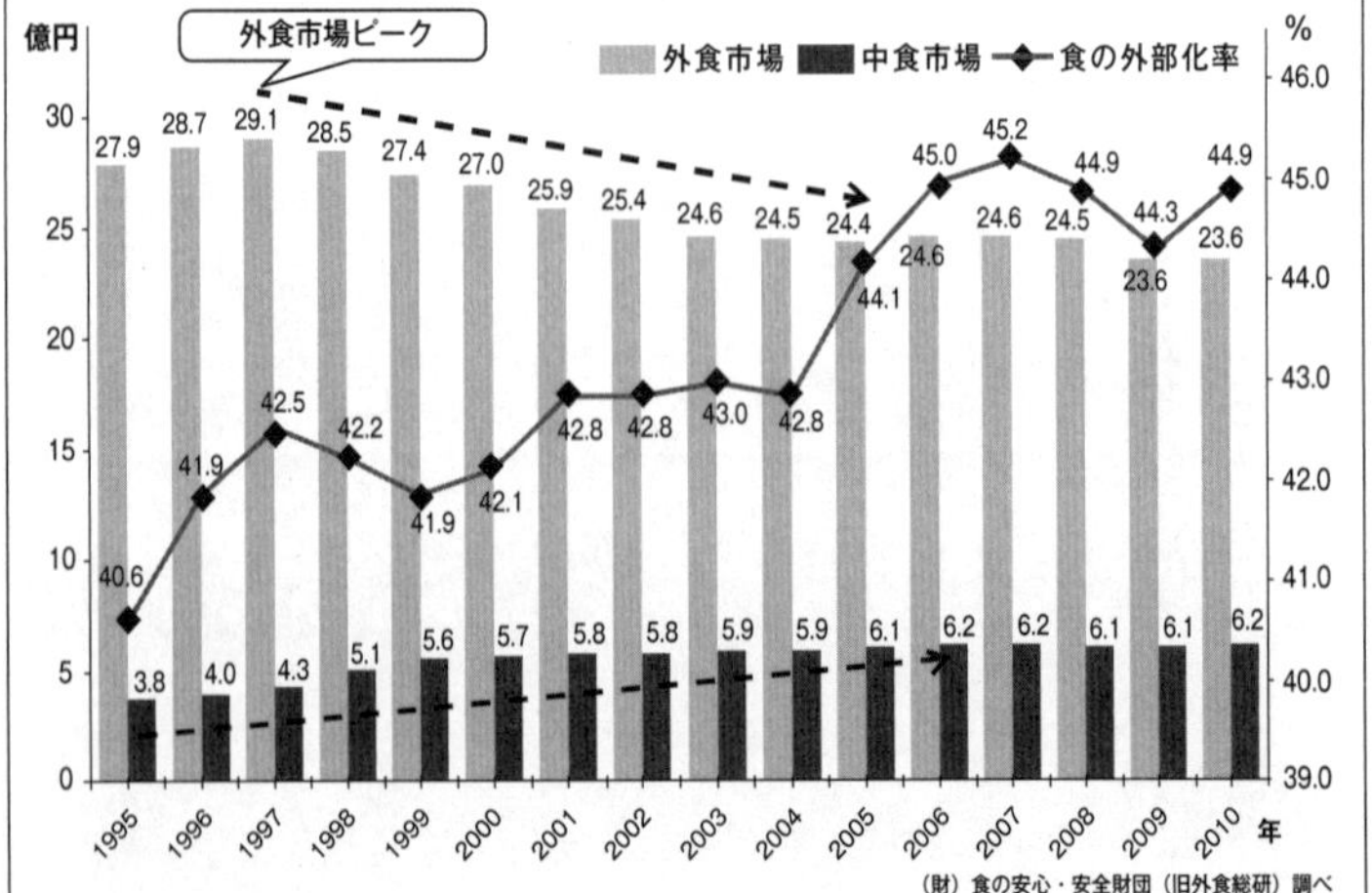

（財）食の安心・安全財団（旧外食総研）調べ

と言うことがあります。家計にとっての外食費の抑制は、すなわち「内食化」の強まりを意味します。

一方で、外食と内食の中間に位置する「中食」の市場規模は、外食市場が縮小しているときにも伸長してきました（図表3―6）。

つまり、外食の頻度は減らしても、中食を利用する機会は増えてきたのです。

中食とは、主としてそのまま食べられる弁当、おにぎり、惣菜などのことで、これまでコンビニが主力としてきた商品群です。「おひとりさま」の食事にもピッタリなイメージです。これも、家計調査で確認すると、単身世帯の食費に占める割合は、年齢や性別による差がなく、2割前後になります。一人暮らしでは、幅広い層に満遍なく利用されていることが分かります。

また、中食は、家庭で調理したものと組み合わせて食卓に並ぶことが多い反面、外食と同じく、調理を家庭の内でなく外で行なっているという点で「食の外部化」と見なせます。

外食と中食を合算した費用が食費に占める割合を「食の外部化率」としてみると、食の外部化率は、年ごとには波を描くものの、徐々に高まっています（図表3―6）。

もっとも、2000年代後半から、中食市場も横ばい傾向が続いています。それでも、食の外部化率が高まるのは、家計のなかで食に掛ける費用自体が減少しているからです。

外食費が削られているのも、食に掛ける費用を抑えたいがためで、外食自体が敬遠されているわけではないとも考えられます。

果たして、米国の穀物協会によって、日本の食の外部化率は、２０４０年には7割を超えると予測されています。

高齢の「おひとりさま」の食生活

「おひとりさま」の食生活について、さらに総務省の家計調査をみると、単身世帯の食費に占める外食費の割合は、35歳未満の若い世代では男女ともに約半分にも及びます。やはり、若い世代の単身者は、外食する機会が多いようです。

しかし、年齢が上がるにつれ、「素材となる食料」を購入する割合が増えて、外食費の割合は小さくなります。

60歳以上の単身世帯に限れば、食費に占める外食費の割合は男性で2割台、女性では1割台です。特に、60歳以上の単身女性は、素材となる食料の購入費が食費の半分以上を占めます。高齢女性の「おひとりさま」には、素材となる食料を購入して家庭で調理をする人が多いということです。

別の調査でも、この家計調査を裏付けるような結果が出ています。単身高齢者の4割以上が毎

図表3-7 高齢者が食事で気を付けていること（MA上位15）

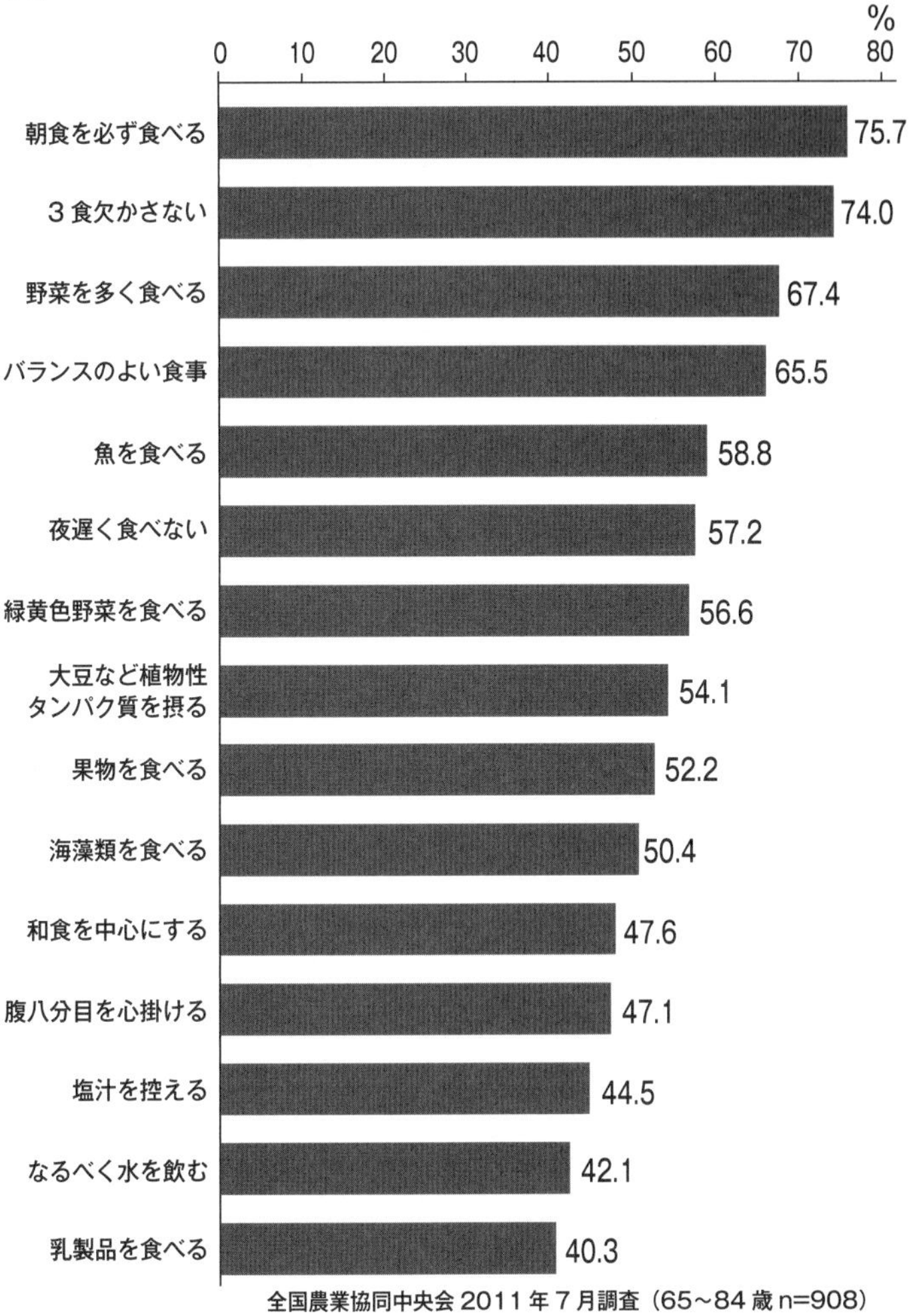

全国農業協同中央会 2011年7月調査（65～84歳 n=908）

日、夕食を調理しており、このうち女性に至っては7割以上に及ぶというのです。

もちろん、すべてを調理するわけではありません。中食も上手に取り入れています。たとえば、調理済みの冷凍食品にしても、若い世代よりも50代以上の主婦のほうが積極的に利用し、賢く使っていると自負していることが、最近に行なった主婦への意識調査に表われました。

不謹慎な言い方かもしれませんが、前述のように、50代以上の主婦が将来、高齢の「おひとりさま」になる確率は、社会情勢や平均寿命からして高いのです。ある意味、ライフステージが変わっても、これまでの習慣や意識は、可能な限り持ち越されることでしょう。

しかし、現在でも高齢者の6人に1人は、一人で食事をする機会が多く、そのうちの過半数は一人暮らしではないという調査結果もあります。同居する家族の有無による違いは、一人暮らしの高齢者のほうが、コンビニ弁当などの中食、宅配による食事サービスを利用する割合がぐんと増えることです。

また、高齢者には、食事で気を付けることが多くなるのも特徴です。図表3—7の調査結果によれば、「朝食を必ず食べ」、「3食欠かさない」ことに次いで、「野菜（特に緑黄色野菜）」「魚」「大豆（製品）」「果物」「海藻」「乳製品」などを摂るよう心掛けています。

ところが、同調査で、実際の食事内容を吟味したところ、農林水産省の「食事バランスガイド」（「主食」「主菜」「副菜」「牛乳・乳製品」「果物」の5項目について、それぞれ1日に摂るのが望ましいとされる量の目安を示したもの）に照らし合わせ、3項目以上で栄養のバランスの整った食事量とされた高齢者は、ほんの1割強に過ぎなかったそうです。

つまり、多くの高齢者は、栄養バランスに気を付けて、毎食きちんと食べているつもりでも、実際には、バランスのいい食事とは言い難い状況にあるようです。

家庭内ストック型コンビニ商品

コンビニが、このところ力を入れて開発しているオリジナル商品には、食器に移し替えて食べることが想定されるパウチ入りの惣菜とか、レンジ等で加温して食べる冷凍食品などが目につきます。

これまで、すぐに、どこでも食べられるように、商品や容器を工夫してきたコンビニとしては、少し違った商品開発の方向性と言えましょう。

この背景には、前述した内食化の傾向があります。家庭で調理したものと組み合わせて献立にしやすいだけでなく、家庭内にストックしやすいパッケージで、賞味期限も少し長くなっています。

もうひとつには、「おひとりさま」の人口構成上の変化と食生活の多様化があります。これまで最も多かった「おひとりさま」の若者男性に代わって、今後増えてくる「おひとりさま」は高齢女性です。その高齢女性の食生活は、前述のように、これまでの若者男性とは明らかに違っています。

当然ながら、これまで開発してきた〝即食性〟の高い中食を求める層もいるので、同じメニューでも、たとえば人気の餃子なら、焼き上げた状態でパック詰めした惣菜、加熱の必要なチルドや冷凍食品など、タイプの違う商品を揃えることになります。

惣菜はせいぜい1～2日の消費期限ですが、チルド商品はいわゆる「要冷蔵」商品のことで、約4℃帯で管理します。1～2週間程度の賞味期限が付されていることが多いようです。冷凍食品はマイナス18℃以下で温度のムラがなく保管すれば、本来365日大丈夫です。

こうした商品の管理と販売は、食品を扱う商店やスーパーマーケットで昔から行なってきたことですが、昨今、青果（野菜と果物）を中心に生鮮品を扱うコンビニ店舗が増えてきたことと相まって、コンビニが〝食品スーパー化〟していることの根拠に挙げられます。

確かに、これまでのところ、こうしたコンビニの品揃えは奏効しています。「少し離れたスーパーマーケットまで行くなら、近くのコンビニで」と、高齢者のみならず、主婦からも支持されるようになってきました。

しかし、単に近いから利用されるというだけでもありません。よく商品をみると、これまでの食品スーパーの品揃えにはなかったコンビニらしい工夫も感じられます。

たとえば、家庭内ストック型の代表的な商品である冷凍米飯（ピラフ、焼きめし等）は、食品スーパーで扱われる大手メーカーの商品では１袋「２人前」の容量が一般的ですが、コンビニが扱うオリジナル商品の容量は「１人前」。１人分の場合は、半分使って残りは冷凍庫に取っておけばいいのですが、１袋１人前のほうが使い勝手はいいでしょう。

これまで、コンビニの冷凍食品は、アイスクリームに比べても目立たない商材でしたが、使い勝手のよさを評価されて、人気の商品に育ちつつあります。

価格も、１袋１人前で１００円前後と、ついで買いするのにちょうどよく、買い置きしておこうと思う人も多いようです。

もっとも、１人前の量目には幅があります。大手メーカー商品の２人前入りには１袋４５０gか５００gのものが多いようです。コンビニの場合、たとえば、ローソンが開発した「バリューライン」は１袋２３０gと、ちょうど大手メーカー商品の半分ですが、セブン‐イレブン店舗で扱う「セブンプレミアム」は１袋１７０gと少なめです。

先述したパック入りサラダの例と同じく、内容量の正確な数値よりも「１人前」であると分かるほうが、実際の使い勝手には情報として価値があるのです。

3 高齢者対応サービスの変遷

コンビニの宅配サービス

コンビニでは、10年以上前から高齢者に対応したサービスを講じてきました。

たとえば、1990年代に始まったコンビニの宅配サービスは、主なターゲット層を高齢者に置いていました。

このうち、am／pm（2010年3月にファミリーマートに吸収合併）の宅配サービスは、本部主導で東京都心部でも行なっていたことから、東京都中央区の社会福祉協議会が、区内の高齢者や要介護者のいる家庭にam／pmの宅配サービス利用クーポン券を配布したことがあります。都心ほど日常の買い物をする場が減っていましたし、加齢や要介護者を抱えて外出しづらくなっている区民に、宅配サービスを利用してもらおうと思ったのです。

ところが、1999年4月からの1年間にクーポン券を利用した区民はたったの20人でした。

当時、同協議会の担当者は、対象者への広報活動が足りなかったと反省しながら、コンビニが高齢者に馴染みの薄かったことも、利用者が少なかった理由に挙げました。

実際に、am/pmの宅配サービスをよく利用したのは、都心の高層住宅に住み、乳幼児を抱えて外出のままならない若い主婦たちでした。

2000年代に入って、コンビニのIT利用が進んでくると、各チェーンは相次いでEC（電子商取引）会社を立ち上げます。高齢者や介護サービスへの対応も、その一環として考えられるようになりました。

ちょうど、2000年4月から公的介護保険制度が施行され、要介護と認定された高齢者に、ホームヘルパーによる訪問介護などのサービスが始まったので、俄然、介護サービスが注目されるようになったのです。

セブン-イレブンを中心に設立した「セブンドリーム・ドットコム」、ファミリーマートを中心に設立した「ファミマ・ドット・コム」でも、柱となる事業のひとつに、訪問介護を想定して、コンビニ店舗を介した買い物代行を掲げていました。

これは、コンビニ店舗では通常扱わない商品、たとえば介護用のおむつ、高齢者向けの食事などをネットで注文を受け、指定のコンビニ店舗に配送しておくと、注文者もしくは訪問介護者などが、好きなときに、コンビニ店舗に立ち寄って商品を受け取ったり、代金をその場で支払ったりできるというようなしくみです。

ただし、このしくみが最もよく利用されてきたのは、書籍とか、音楽や映像などのパッケージソフトの購買でした。ネット通販で注文した商品は、本来なら宅配されるところ、近くのコンビニ店舗を指定して、そこで受け取ります。自宅を留守にしがちな人、自宅に他人が来るのを好まない人などに重宝がられています。

買い物代行といっても、かさばるモノや生モノなど、コンビニ店舗では物理的に預かれない商品が多かったのです。

「セブン・ミールサービス」の登場

セブン-イレブンが、「セブンドリーム・ドットコム」と同時期に設立した「セブン・ミールサービス」でも、高齢者への対応と同時に、介護サービスをも視野に入れていました。

というのも、設立当初の出資者には、介護サービス事業で大手のニチイ学館も加わっていたからです。

「セブン・ミールサービス」は、先述したような買い物代行を「セブンドリーム・ドットコム」と連携して行ないながら、高齢者向けの食事をつくって、定期的に届ける「配食サービス」を自前で確立することを目指していました。

高齢者向けの食事は、セブン-イレブンが各店舗に供給している弁当や総菜などとは別に、セブンミールとしてつくります。ニチイ学館は、その配食サービスを利用する高齢者や要介護者宅にヘルパーを派遣したり、介護用品を紹介したりします。

高齢者向けのセブンミールや介護用品の受け取りは、セブン-イレブン店頭でも、宅配でも、注文者の好きなほうを選べます。

宅配については、店舗へ商品を配送する物流システムと同じように、自前でシステムや宅配網を構築しようと、独自の配送車まで開発しました。

当時、ネット通販やネットスーパーが台頭する時期でもあり、宅配のシステムづくりは非常に注目されました。店舗に来てもらうよりも、客宅にまで届けるほうが、お客により近付くことになります。店舗と連動した接客を客宅まで延長しようとしたのです。

この店舗から客宅までの距離を〝ラストワンマイル〟と言って、ラストワンマイルを制することが争われました。

しかし、セブンミールの宅配網は、セブン-イレブン店舗への商品配送システムのようにはいきませんでした。

セブンミールが、セブン-イレブンの店舗が出店している地域すべてをカバーできるようになったのは、2007年7月のことです。当初の計画から5年も遅れました。しかも、宅配は宅配業者に任せることで、拡大しました。

自前での宅配網にこだわるより、セブン‐イレブンの店舗網を最大限に活用できることを選んだのです。

セブン‐イレブン店舗が約1万2000店に達する頃でした。利用する消費者にとっては選択肢が増えることですし、一方、加盟する店舗にとっても、セブンミールを勧めることで新しい客層を獲得できるチャンスです。

当初のセブンミールの契約者は、やはり高齢者より一般家庭の主婦のほうが多かったようです。それでも、当時のコンビニ店舗にとっては新しい客層の開拓につながりました。

さらに、この間、ニチイ学館が資本から手を引いてしまったので、当初に描いたような介護用品の買い物代行サービスも潰《つい》えてしまいました。

セブンミールの変化対応

現在のセブンミールの契約（会員登録）者は、約7割が50歳以上となっています。このなかには高齢者自身も含まれますが、子世代が会員となって、高齢者が利用しているケースも少なくないようです。

セブン‐イレブン店舗への来店客では50歳以上が約3割ですから（P125、図表3―2）、ちょうどセブンミールと利用年齢が逆転します。つまり、セブンミールは店舗への来店客層を補完していると見ることができます。

高齢客の獲得は、セブン・ミールサービスの当初の目的のひとつでした。高齢などの理由から来店してもらえなかった潜在的な客層を開拓できたという意味で、目的のひとつは達成できたと言えましょう。

ただし、セブン・ミールサービスが登録会員に行なったアンケートによると、セブンミールを利用する理由は、予想以上に多岐にわたるものでした（図表3―8）。

最も多い理由の「1人・2人暮らしなので」は、世帯当たり人数の減少と世帯数の増加する現状を映しており、「食材の無駄をなくしたい」という利用者の思いも想像できます。

図表3-8　セブンミールを利用する理由（MA）

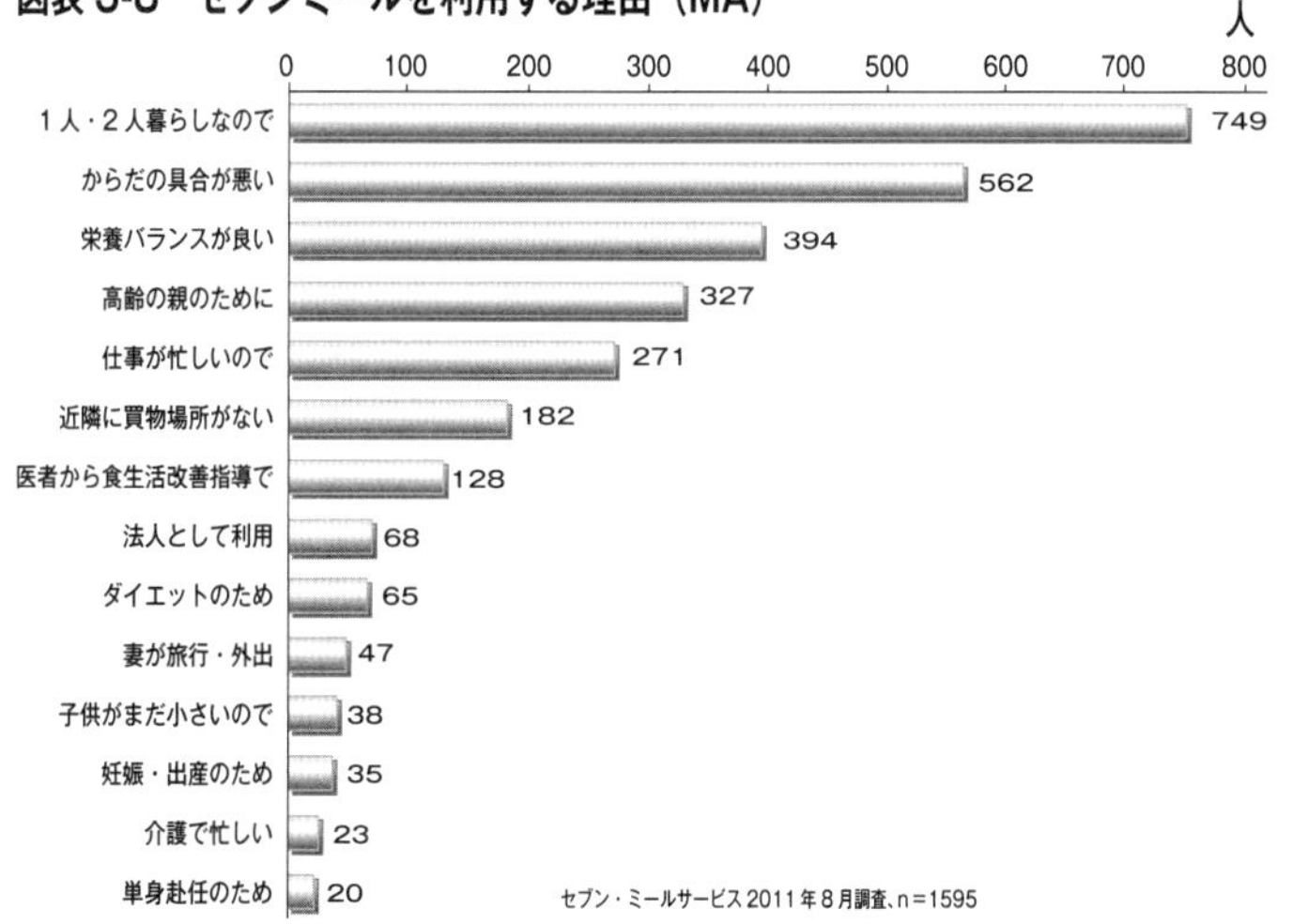

セブン・ミールサービス2011年8月調査、n=1595

「栄養バランスの良さ」や「医者からの食生活改善指導」を利用理由に挙げる人も少なくありません。先述した「食の外部化」は、こうした形でも進んでいると感じます。

また、「仕事が忙しい」という理由は現役世代のようですし、「近隣に買い物する場所がない」というのは、いわゆる〝買い物弱者〟を想定できそうです。

同社では、アンケートの結果を踏まえ、セブンミールの利用対象者を高齢者に絞らず、「毎日の食事や買い物に不便を感じている人」へと広げることにしました。

扱い商品も増やしてきました。当初からの「簡単クッキング（人数分の食材セット）」や「日替わり弁当」などに加え、生鮮品、チルド食品、米穀や飲料などの重いものまで扱い始めたことで、配食サービスだけでなく、いわば生協の宅配やネットスーパーの役割も兼ねるようになりました。

さらに、宅配料を2012年5月から500円以上の注文で無料にしました。これまでは、セブン‐イレブン店舗で受け取る場合は無料でしたが、宅配の場合は1000円以上から注文を受けて、200円の手数料を取っていました。

500以下の注文で宅配料を無料化する実験を2011年秋から、東京都杉並区と世田谷区で、行なっていましたが、セブンミールの扱い量が2・4倍に増えたことで、全国に拡大したそうです。

商品は、注文者が指定したセブン‐イレブン店舗から配達する場合もありますし、店舗が忙しく配達できないときは、店舗が宅配業者に依頼する場合もあります。しかし、店舗から配達したほうが利用客と顔を合わせる機会につながるので、本部としても、店舗からの配達を奨励しています。

顔を合わせて会話をすれば、他に必要な商品などの注文を受けることもあるでしょう。つまり「御用聞き」をするわけです。

こうして、セブンミールの注文商品も、セブン-イレブン店舗の商品も、同じように店舗スタッフが宅配します。

この宅配サービスに、2012年7月から「セブンらくらくお届け便」の名称が付けられました。1人乗りの超小型電気自動車（EV）を使って宅配することになったからです。

ただし、前年から買い物弱者向けに始めた「セブンあんしんお届け便」と名称が似ていて、ごっちゃになりそうです。ちなみに、こちらは軽トラックの移動販売車です。

「シニアにやさしいローソン」の登場

2006年7月、兵庫県淡路島に「シニアにやさしいローソン」がオープンしました。

オープン時に訪れ記憶に残っているのは、広々した店内に幅広の通路、平台の冷凍ケースで冷凍食品が「3割引！」で販売され、雑貨売場には往年の若者に人気の整髪料、多段ケースに地元の食材が並び、地元産品の玉ねぎを加工したお土産もあり、休憩スペースを併設していて、マッサージチェアなどが置かれていたことです。

ランダムに挙げましたが、どれもが「シニアにやさしいローソン」を構成する要素です。同時期に、各地で「シニアにやさしいローソン」が相次ぎオープンしましたが、各地域のニーズをリサーチして、商品やサービスを揃えることをコンセプトにしたので、ターゲットは高齢者ですが、地域的な要素が大きく加味されました。

図表3−9は、２００６年7月にオープンした各地の「シニアにやさしいローソン」の店舗特徴を比べたものです。たとえば、淡路島のローソンは一般的なコンビニ店舗の約2倍の売場面積を活かして、広い休憩スペースにマッサージチェアや液晶テレビを設置しました。

ローソン旭川神楽２条店
北海道旭川市
2006 年 7 月 15 日
約 34 坪 / 約 3,500
・新鮮な野菜、惣菜、日配品の品揃え強化
・血圧計を設置
・休憩スペース「かぐらば」を設置
・カプセル玩具、カードゲーム機の設置
・壮年雑誌の品揃えを充実
・コミュニケーションボード設置（地域情報の提供）
・会員制（60 歳以上）注文配達サービスと会員の声を品揃えやサービスに反映
・バリアフリー化と通路幅を拡大
・軽量ショッピングカートを導入
・大型プライスカードを採用
・ドッグポール（係留具）の設置とペットフード売場の拡大

新庄市のローソンはカードゲーム機、旭川市のローソンではカードゲーム機とカプセル玩具を置きましたが、これは、お孫さんと楽しんでもらうためのようです。

淡路島と旭川市のローソンで

は、60歳以上を対象に会員を募《つの》り、電話注文に応じて商品を宅配したり、要望を聞いて商品やサービスの充実を図ったりしています。また、雑誌売場で充実させた「壮年雑誌」とは、園芸、釣り、旅行などの趣味関連誌を指します。

旭川市のローソンには、血圧計やドッグポール（係留具）も設置されました。きっと、健康に気を付けて運動したり、犬の散歩を楽しんだりする住民が多いのでしょう。

一方で、「シニアにやさしいローソン」各店舗に共通することも

図表3-9 「シニアにやさしいローソン」各地の店舗特徴比較

店 名		ローソン東浦町浦店	ローソン新庄上金沢店
地域		兵庫県淡路島	山形県新庄市
オープン日		2006年7月1日	2006年7月7日
面積／商品数		約67坪／約3,500	約37.5坪／約2,800
店舗の特徴	健康	・新鮮な野菜、惣菜、日配品の品揃え強化	・新鮮な野菜、惣菜、日配品の品揃え強化
		・マッサージチェア、足プリ（リラクゼーション体感マシーン）の設置	・生花（切花、仏花）を品揃え
	楽しさ（コミュニティー）	・休憩スペース「憩いの場」を設置	・休憩スペースを設置
		・液晶テレビを設置（イメージVTRや販売DVDデモテープを放映）	・カードゲーム機を設置（2台）
		・壮年雑誌の品揃えを充実	
	ホスピタリティー	・会員制（60歳以上）注文配達サービスと会員の声を品揃えやサービスに反映	・店頭の全面を風除室化
		・バリアフリー化と通路幅を拡大	・トイレのバリアフリー化
		・軽量ショッピングカートを導入	・軽量ショッピングカートを導入
		・大型プライスカードを採用	・大型プライスカードを採用

あります。

まず、新鮮な野菜、惣菜、日配品の品揃えを強化したことです。実は、高齢者に食品の品揃えで求めることを尋ねると「新鮮な野菜」という答えが多いからです。

惣菜や日配品では、地元の産品をできるだけ取り扱うようにします。食べ慣れた味や食材のほうが好まれるからです。

次に、軽量なショッピングカートの導入です。コンビニ店舗の売場は狭いので、カートまでは必要なさそうに思えますが、高齢者にはあってほしいものなのです。

ショッピングカートで快適に買い物をするには、店内の通路幅を広く取る必要があります。バリアフリー化も自ずと進みます。

3番目は、大型プライスカードの採用です。通常のコンビニ店舗のプライスカードは、確かに小さめです。棚に厚みがないためで、高齢者でなくても見にくいと思います。

4番目は、休憩スペースの設置です。コミュニティ機能を想定しているようですが、実際には、ベンチ程度でもいいのです。買い物の途中でちょっと腰を下ろしたくなることは誰しもありますし、知り合いに出会ったときには一休みしながら世間話ができます。

最後に、「シニアにやさしいローソン」店舗の出店地が、高齢化率の比較的高い地域であることです。

「ローソンプラス」から「生鮮強化型」へ

「シニアにやさしいローソン」の構想は、同チェーンの東北支社のプロジェクトから始まりました。高齢化の進む東北地方で、コンビニ主要客層の若い世代が減りつつあることに危機感を持ったのがきっかけのようです。

２００５年５月に、山形県下の店舗で実験を開始して、約１年後に各地に広げました。

２００５年５月は、生鮮コンビニの「ローソンストア１００」の１号店がオープンしたときでもあります。その１年後、通常のローソンに生鮮食品を導入して、ストア１００との融合を図った「ハイブリッド型ローソン」の実験を始め、同年中には「ハイブリッド型ローソン」を各地に展開するようになりました。

つまり、「シニアにやさしいローソン」と生鮮食品を導入した「ハイブリッド型ローソン」は、ほぼ同時期に、各地につくられるようになったのです。

先述したように、「シニアにやさしいローソン」でも、高齢者ニーズの高い野菜（生鮮食品）を導入しています。一方の「ハイブリッド型ローソン」のターゲット層は主婦で、導入する生鮮食品のメインは主婦ニーズの高い野菜でした。

両店の特徴の重なりから、2007年1月、新デザインの「ローソンプラス」の開発を機に、「シニアにやさしいローソン」と「ハイブリッド型ローソン」は融合されました。

このときの「ローソンプラス」の新デザインでは、通常はブルーを基調とした看板をオレンジに変えたため、レギュラーの「ブルーローソン」に対して、「オレンジローソン」と呼ばれることもありました。

実は、この頃のローソンにはいろいろな外観の店舗がありました。たとえば、先に挙げた兵庫県淡路島の「シニアにやさしいローソン」は、基調の看板部分がブラウンで、白文字の「LAWSON」ロゴが半分、空に突き出ていました。色調を抑えて、優しさを表現したのでしょうか。そう思いながら見つめていると、空に半分突き出たロゴが、空の青さを背景に浮かび上がるデザインなのだと気付きました。

同店のすぐそばには海水浴場があるそうです。海水浴客は、真っ青な夏空と大地を思わせる茶の間に映える真っ白な「LAWSON」ロゴを目にしながら来店することでしょう。

さらに、統一されたかに見えた「オレンジローソン」も、看板の色をわざわざ変えて生鮮食品の扱いをアピールしなくても消費者に認知されるようになったとして、2年ほどで役目を終えます。

現在は、分かりやすく「生鮮強化型ローソン」と呼び、全国のローソンの半数に及ぶほど増えています。

ファミリーマート「おとなコンビニ研究所」

2000年代、セブン-イレブンがニチイ学館と組んで介護サービスへの参入を図ろうとした頃、ファミリーマートは、各地域の訪問介護グループに対して、店舗を活用した支援策を模索していました。

2007年に、訪問介護最大手のコムスンが介護報酬を不正請求する事件が起きたときは、その介護サービスを引き継ぐ企業と提携し、介護食の宅配、公共料金の支払い代行、離れて暮らす子供への安否連絡などを行なう構想を発表しています。

このとき、コムスンの介護事業を引き継ぐとして名乗りを上げた企業に、外食チェーン大手のワタミもいました。すでに介護事業には乗り出しており、介護会社を買収した実績もありました。コムスンの事業継承は断念しましたが、翌年に宅配弁当会社を買収し、現在はワタミタクショクとして、配食サービスを手掛けています。

ワタミタクショクは、セブン・ミールサービスも一目置く存在といいます。

ファミリーマートも、2012年に宅配弁当会社の買収を発表しました。買収する会社は、全国に300カ所以上の拠点を持って、高齢者向け専門に配食サービスを手掛けてきたところです。配食サービスの宅配システムを引き継ぐ点ではワタミのように、コンビニの商品なども同時に宅配する点ではセブン・ミールサービスのように、それぞれのメリットを活かすことができそうです。

また、ファミリーマートが2010年に大阪で毎日新聞社と共同した宅配では、高齢者だけをターゲットにしていません。都市部のオフィスで働く人向けからサービスを開始しています。

都市部では、おしゃれなスポットは増えても、日常の食や生活用品を調達できる店舗が減っています。「買い物に不便を感じている人」へのサポートという点では、先述したセブン・ミールサービスと同じです。

2010年には、ファミリーマートは「おとなコンビニ研究所」を立ち上げ、いわゆる〝アクティブシニア〟を「おとな」と言い換えてターゲットに、商品の開発、エンタテイメントへの支援を始めています。

2011年には、その旗艦となるコンビニ店舗まで開発しました。品揃えが「おとな」世代向けというだけでなく、ムク材のフローリングに木製の商品陳列棚を導入するなど、店舗内装でも落ち着きを表現しています。

コンビニとして、いきなり介護の場に向き合うよりも、まずは、元気な高齢者が利用しやすい商品やサービスを開発することで、高齢者の信頼を得ようということです。

「電球1個から交換……」の出張サービス

内閣府による「高齢者の住宅と生活環境に関する意識調査」で、地域で不便に感じることとして、最も多くの高齢者に一致しているのが「日常の買い物」です。しかも、日常の買い物に不便を感じる高齢者の割合は年々高くなっています（図表3―10）。

先述のように、コンビニが取り組んでいる宅配サービスや配食サービスも、高齢者の買い物や食事づくりをサポートするものです。

しかし、実際に利用しているのは、高齢者ばかりとは限りません。確かに、高齢者の利用も

図表3-10 高齢者が地域で不便に感じること

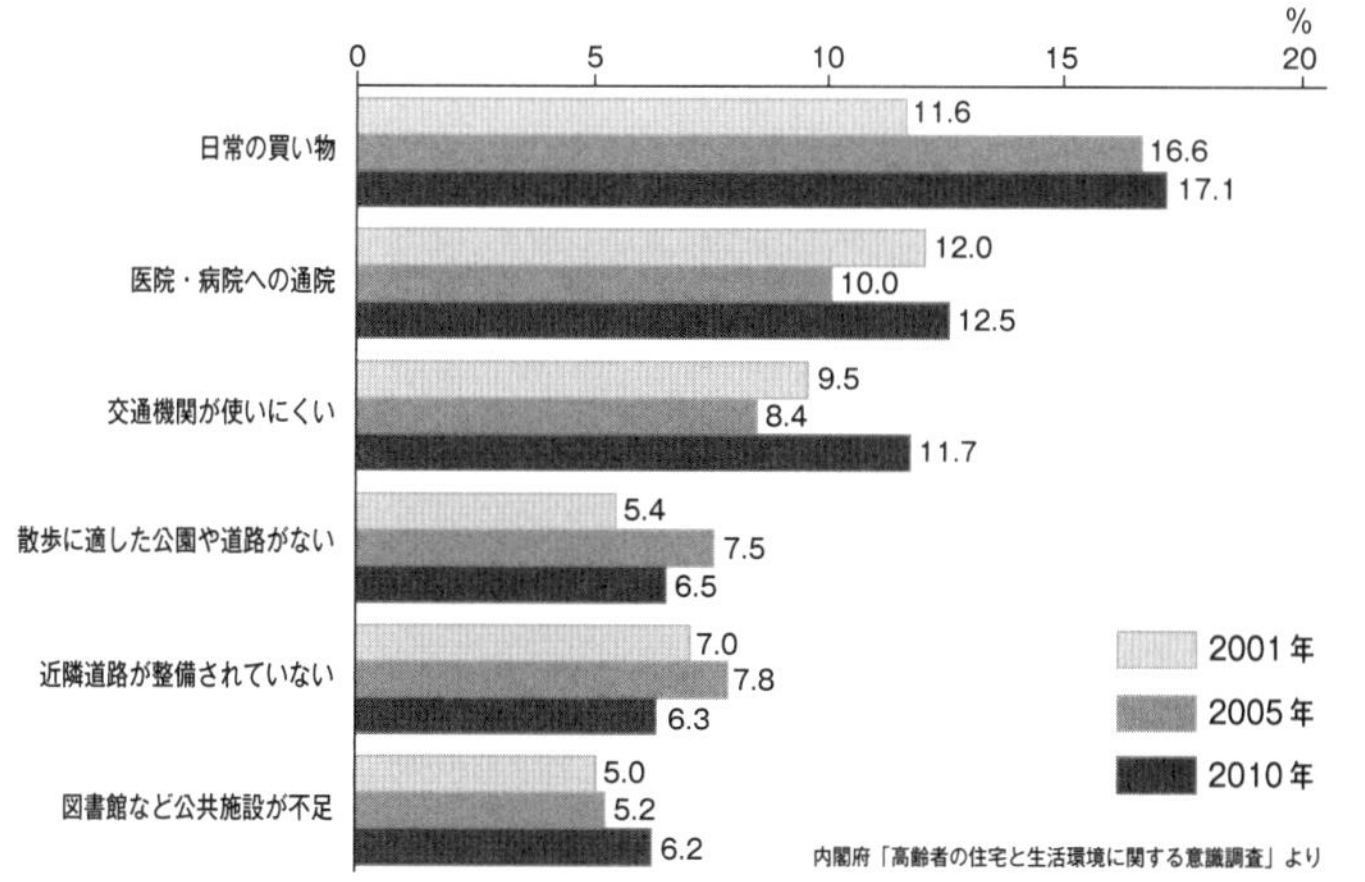

多いのですが、それだけ高齢人口は増えていますし、何よりサービスを利用する理由が高齢だけではないことは、P159の図表3―8からも察せられる通りです。

同じような現象が、ホームセンターや家電専門店などで、販売している商品を買った人の求めに応じて自宅に出向き、商品の取り付けや交換を行なう「出張サービス」でも見られます。

たとえば、「電球1個の交換から、小型収納庫の組立まで出張サービス致します」は、ホームセンター最大手のカインズのキャッチコピーです。2007年から始めました。

通常、電球の交換くらいは誰でもできることです。背伸びしたり、脚立に上ったりできないときは、以前なら、身近にいる人に頼んだことでしょう。

しかし、高齢の「おひとりさま」が増えている現在、ちょっとしたことを頼める人が身近にいなくなっています。

カインズでも、高齢社会を見据えて、出張サービスを導入しました。当初は販売している商品に付随したサービスの一環でしたが、一度サービスを頼んだ人は必ずリピーターになるほどに好評で、2012年には出張サービスだけで採算が合うようになったそうです。

サービス料金は、人が自宅まで来てくれることを考えれば、高いものではありません。電球や蛍光管の交換は3個（本）まで1200円、水栓の交換4500円といったところです。

浴槽のシャワー付き水栓、インターホンなどのように「取り付けてくれるなら」と購入する人が増えた商品もあります。

網戸の張り替えなどは、ちょっとしたコツが必要なので、カインズの店頭で実演もしてみせています。

ホームセンターの神髄はＤＩＹ（ドゥ・イット・ユアセルフ）です。店舗は材料の販売をし、購入者が自分でつくるのが本来の姿と言えましょう。

ところが、お金を支払えばしてもらえるのなら、そのほうがいいという人は、意外と多いようです。年齢や性別だけで判断できるものでもなさそうです。高齢になっても、自分で何でも修繕してしまう人はいますし、女性にも日曜大工が趣味という人はいます。

こうした出張サービスを利用する理由は、高齢などによって「自分でできない」というだけでなく、「プロに任せたほうが安心」「忙しい」「面倒」「道具をもっていない」など、やはり多岐にわたるようです。

高齢者は「弱者」か？

高齢者というと、病気でなくても、身体の動きが不自由になって、生活のあらゆる面でサポートが必要になると思われがちです。

日常生活を送るうえで、買い物に不便を感じている人を「買い物弱者」、生活全般に困難を感じている人を「生活弱者」という見方をしますが、前章で紹介したように、厚生労働省が想定する「弱者」は60歳以上の高齢者です。

平均寿命の延びている現代で、60歳ないし65歳以上を高齢者とすると、人生の約3分の1を高齢者として過ごすことになります。さらに、高齢者を弱者と見なせば、あまりに長い期間を弱者として過ごさなければなりません。

しかし、65歳を過ぎても元気に働いている人は大勢います。ボランティアなどの社会貢献に熱心に取り組んでいる人も少なくありません。年齢を重ねて、社会や地域に貢献したいという気持ちを持っている人たちは、弱者どころか〝人的資源〟と呼ぶべきです。

「65歳は高齢者ではない」と、公然と発言する人も増えました。もっとも、日本の社会保障制度では、65歳以上をその下の世代が支えるしくみですから、増え続ける高齢者への対応に危惧《きぐ》して、高齢者とする年齢を引き上げたいという思惑もあるでしょう。

それ以上に、高齢者に抱くイメージにそぐわない〝アクティブシニア〟が増えていると感じている人は多いはずです。「高齢者と呼ぶのに何歳からが相応しいか?」といったアンケートも見掛けますが、ただ年齢で一律に区切れるものでもありません。

コンビニやホームセンターなどが高齢者をターゲットに始めたサービスを利用する人が、必ずしも高齢者に限らないことからも分かる通りです。

一方で、コンビニ等のサービスを受けている人は、年齢にかかわらず「弱者」かと問われれば、そうとも言えません。

なかには、サポートが必要というより、便利だから利用する人もいるでしょう。本当はサポートが必要なのに、こうしたサービスの存在を知らないか、何かの理由で利用したくない人もいるかもしれません。

一般的に考えても、「弱者」が目に見えて明らかなことは稀《まれ》ですし、環境によって立場は変化するものです。

65歳を過ぎたら、一律に高齢者=弱者と見なすのも現状に合っていませんが、全く年齢を無視してしまうのも現実的ではないような気がします。

コラム❸

コンビニと日本食文化

店舗を数多く展開するためのチェーン・ストアには、直営方式、ボランタリー方式、フランチャイズ方式があり、これらのビジネスモデルは米国で開発されたものであることを「コラム❷」で述べました。

コンビニエンス・ストアという店舗業態そのものも、米国で開発されたものです。

米国のコンビニエンス・ストアは、チェーン・ストア理論を日本に紹介した渥美俊一氏によれば、スーパレット（小型の食料品店）＋小型のバラエティ・ストア（低価格の雑貨店）＋ファストフード・サービス（短時間に提供される低価格で簡単な食事サービス）＋ガソリンスタンドの組み合わせのような店舗で、基本的に入店してから退店するまでに掛かる時間は2分以内です。

しかも、売上げのほとんどをガソリンが占めるうえに、店内に揃えられる商品はナショナル・ブランド（NB）中心で、最も買われているのはタバコ。ファストフードの売上比率は1割を少し超える程度といいます。

売上げの約3割を弁当やおにぎり、調理パン、惣菜、カウンター上で展開する中華まん、おでん、フライドチキンなどのファストフードが占める日本のコンビニとは大きく異なります。

食品＋雑貨＋ファストフードの組み合わせと、入店から退店までに要する時間が短く済む点では、米国のコンビニエンス・ストアを見習いましたが、ガソリンスタンドとは切り離した店舗で、日本人好みのファストフード（おにぎり、冷し麺など）を各チェーンのオリジナル商品として開発し品揃えに加えたことで、日本独自のコンビニ業態を確立してきたと言えましょう。

特にバブル経済がはじけて以降の1990年代に、百貨店やスーパーマーケットが業績を落とす一方で、コンビニは都市部への出店を加速させながら好業績を上げます。日本独自のコンビニが、都市に在住もしくは在勤する人々の日常生活にマッチしたからでした。

※　※　※

日本のコンビニ各チェーンによって開発されるファストフードは、コンビニ独特の製法によるオリジナル商品として、コンビニが広めた〝コンビニ食文化〟と言えますが、その多くは起源を古《いにしえ》に求めることができます。

たとえば、おでんは、もともと串に刺して焼いた豆腐や茹でたコンニャクに甘味噌を塗った「田楽」のことでしたが、手間が掛かるからと、汁に入れて煮るようになったそうです。

伝承料理研究家の奥村彪生《おくむらあやお》氏によれば、多くの鍋・汁もの料理が農村や漁村でその土地の食材を煮炊きするものだったのに対して、おでんが、醤油仕立ての汁に具を入れて煮込む今日風のスタイルになったのは、江戸時代末期の江戸市中でのことです。

江戸時代の江戸の町は、約100万人が暮らす世界でも有数の大都市でした。おでんは都市の食スタイルを反映したファストフードということになります。各地方に伝わる鍋・汁もの料理がスローフードであるのと、対を成すものです。

江戸市中では、おでんだけでなく、「そば切り」「握り寿司」「天ぷら」などが生まれています。すべて、ファストフードとして考案されたものでした。江戸の都会っ子もファストフード好きだったのです。

江戸のおでんは、名古屋や大阪へと伝わって行きますが、それぞれ「関東煮」、「関東炊き」と呼ばれてきました。この関東風のおでんを北は北海道から南は沖縄まで全国区の食文化にまで広めたのは、コンビニではないかと思っています。

その他にも、コンビニが一地方の食文化を全国区にした事例として「恵方《えほう》巻き」を挙げることができます。恵方巻きも江戸時代末期に生まれ、関西の一部の地域で行なわれてきた風習とされますが、全国区になったきっかけは、あるコンビニチェーンが2月の節分の時期に豆撒きの豆以外にもっと売り込める商材として、全国の店舗で発売したことによると聞いています。その後、恵方巻きに次いで、「節分そば」も加えられました。

こうした「コンビニ食」が日本人に受け入れられてきた背景には、単に便利というだけでなく、たとえば江戸時代にまで遡れるほど、昔ながらの食文化がいまに引き継がれているからかもしれません。

この点で、アジアに進出しているコンビニが提供している食は、当然に日本のコンビニ食のままではなく、各国の昔ながらの食文化に照らして開発されています。

また、コンビニ店舗での食の提供の仕方も、江戸時代の江戸の町での食の提供の仕方を引き継いでいるような気がします。

先述したように、コンビニ自体は米国で考案された店舗形態です。しかし、米国でのコンビニエンス（利便性）は店内での滞留時間の短さにあったようですが、日本でのコンビニエンスは、いつでもどこでも購入できるという手軽さに重きがあります。

江戸の庶民が日常の買い物で利用していたのも、手軽な「振り売り」や「屋台」でした。振り売りも屋台も、移動式の簡易な店舗ですから、人々の集まっているところへ出掛けて行って、商売をしていました。

コンビニ店舗は移動こそしませんが、代わりに数多く出店することで、人々の近くにあろうとしています。

第4章

ネット社会とコンビニ

1 コンビニのサービス

時代とともに変化するサービス

コンビニ店舗では、モノを購入するだけでなく、公共料金やネットショッピング等の代金を支払ったり、映画やコンサートなどのチケットを手に入れたり、店頭に設置されたATM（現金自動預払機）やコピー機、チェーンによってはマルチメディア端末などによるサービスを自由に利用することができます。また、モノを購入して精算する際にも、現金だけでなく、電子マネー、クレジットカード、「おサイフケータイ」など、さまざまな決済手段から選べます。

こうしたコンビニのサービスは、コンビニが登場して以来、時代とともに形を変えながら、増えてきました（図表4—1）。

時代とともに変化したサービスを挙げてみますと、たとえば、コンビニの創業期からあったDPE（写真の現像・焼付・引伸）。カメラの主流がフィルムからデジタルへと移ったことで、現在、DPEサービスは一部のコンビニ店舗に残るだけで、全店舗で受け付けるサービスではなくなりました。その代わり、デジタルカメラの写真をプリントするサービスとして、「デジカメプリント（店頭の多機能コピー機を使ってその場でプリント）」や「ネットプリント（ネット注文して後日コンビニ店舗で受け取り）」を行なっています。

同様に、店頭FAXサービスも、一時は家庭にFAX付き電話機が普及して衰退しましたが、パソコンの普及とともにFAX機を持たない家庭が増えて、現在は、多機能コピー機のひとつのサービスとして残っています。

図表4-1　コンビニの主なサービス導入史

年代	時期	動向	年	サービス
70年代	創業期	深夜スーパーからコンビニへ 24時間営業化		DPE 取次サービス（写真の現像・焼付・引伸）
80年代	普及期	情報システムの導入・整備 POS導入 物流の共配化	81	宅配便の取次サービス
			82	コピーサービス
			87	公共料金の収納代行サービス
			89	生命保険料の収納代行サービス
				店頭 FAX 情報サービス
90年代	成長期	ISDN導入 出店の加速化と多地域への出店 店舗の多地区（エリア）化 衛星通信 新POS導入 業界再編 IT活用 EC対応 出店数の鈍化	90	自賠責保険の取次代行サービス
			91	国内航空券の取扱
			92	興行チケットの販売
			93	自動車教習所の斡旋
			94	割賦販売代金の収納代行サービス
			95	通信販売代金の収納代行サービス
			96	カラーコピーサービス
				店頭商品宅配サービス
				マルチメディア端末（MMK）の設置
				郵便切手・ハガキ類の販売
			97	オンラインチケット発券サービス
			98	クリーニング取次代行サービス
			99	コンビニ ATM（@BANK）の設置
				ネットショッピング代金収納代行サービス
				ネット購入商品の店頭取置サービス
00年代	成熟期	閉店・リロケート 個店の質の強化 光ファイバー通信 非接触ICカード対応 行政との連携 SS活動	00	ネットショッピング
				多機能コピーサービス
				食事宅配サービス
				ネットクーポンサービス
			02	電子マネー（Edy）決済
				クレジットカード発行（ポイント付）
				コンビニ検診サービス
			03	店内に郵便ポストの設置
				スポーツ振興くじ（toto）取扱
			04	証券取引仲介サービス
			05	公共図書館の図書取次代行サービス
			06	おサイフケータイ（iD）決済
			07	家事代行サービスの取次代行サービス
			09	カーシェアリング取次代行サービス
				電気自動車（EV）充電器の設置
10年代	貢献期	CRM活用 ソーシャルメディア活用 公衆無線LANスポット化	10	行政サービスの取次代行サービス
			11	自転車向け保険の取次代行サービス
				公衆無線 LAN サービス
				国際送金サービス入金受付
			12	電話通訳の取次代行サービス

規制緩和によって、コンビニが扱えるようになったサービスも数多くあります。

たとえば、ATMは、コンビニ店舗に設置される前まで「コンビニにあったらいいサービスは?」の問いに、最も多くの消費者が希望したサービスでしたが、設置できる場所、台数、稼働時間などに制限がありました。

1990年代後半から2000年代初頭に掛けて「金融ビッグバン」と呼ばれた大規模な金融の規制緩和が行なわれるなかで、銀行などがピンポイントでコンビニ店舗に場所を借りてATMを設置する事例が増えましたが、1990年代末には、とうとうコンビニが主体となって金融機関と提携してATMの設置に乗り出すようになったのです。

銀行ATMからコンビニATMへ

金融ビッグバン以前から、銀行を訪れる人の約7割は、ATMの利用が目的でした。つまり、銀行の窓口には寄らずに、ATMだけを利用して帰ってしまう人が大半だったのです。

当然、銀行としては窓口業務よりもATMのほうがコスト削減になりますから、ATMの設置を増やしました。

ところが、都銀、信託銀、地銀、第二地銀、信金、信組などの各金融機関が、自前のATMを増やしたのは1990年代後半から2000年代初頭に掛けてのことで、それ以降は減らしてしまいます。自前のATMを増やす戦略から、他と提携する戦略に乗り換えたのです。

その提携先のひとつが、コンビニATMでした。銀行にとって、自前のATMを増やすよりも、さらにコスト削減になるからです。

一方のコンビニATMにとっても、多くの金融機関と提携することで、来店客の利便性を高めることができます。

もっとも、コンビニATMにも、いくつか種類があります。以前には、さくら銀行(現三井住友銀行)がam/pm(ファミリーマートに買収)の店頭に設置した「@BANK」のように、特定の銀行とコンビニチェーンが提携して独自のATMを設置する方法がありました。しかし、現在、コンビニATMを設置しているのは、ATM運営会社による方法か銀行による方法です(図表4―2a)。

ATM運営会社には、複数のコンビニチェーンと複数の金融機関が提携する場合と、コンビニ1チェーンに対して複数の金融機関が提携する場合があります。

前者のイーネットには、当初のファミリーマート、サークルKサンクス、ミニストップ、スリーエフに、現在ではポプラ、国分グローサーズチェーン、セーブオン、デイリーヤマザキ、セイコーマートが加わって、9チェーンが参画しています。

後者には、ローソン店舗を中心にATMを設置するローソン・エイティエム・ネットワークス（LANS）、サークルKサンクス店舗にATMを設置するゼロネットワークスがあります。

銀行を設立したのは、大手小売業のセブン&アイグループとイオングループです。

前者のセブン銀行（旧IYバンク）は、セブン-イレブン等の店舗に設置したATMによる決済サービスを主な事業とする特殊な銀行として設立されました。現状で最も数多くのコンビニATMを設置しています。

後者のイオン銀行は、ATM事業と並んで、イオン系ショッピングセンター（SC）等にインストアブランチを設け、一般的な銀行と同じく対面によるサービス提供にも力を入れています。

図表4-2a　コンビニATMの主な種類

	企業名	設立年月（サービス開始）	主な出資企業	主な設置場所	およそ設置台数
ATM運営会社	イーネット	1999年9月（同年10月）	コンビニ9社、日本IBM	ファミリーマート サークルKサンクス ミニストップ	約1万2000台
	ローソン・エイティエム・ネットワークス	2001年5月（同年10月）	ローソン	ローソン ドン・キホーテ	約1万台
	ゼロネットワークス	2004年10月（2005年3月）	サークルKサンクス	サークルKサンクス	約5000台
金融機関	セブン銀行	2001年4月（同年5月）	セブン-イレブン	セブン-イレブン イトーヨーカドー 商業施設、駅・空港	約1万8000台
	イオン銀行	2006年5月（2007年10月）	イオン	イオン系ｽｰﾊﾟｰ・SC ミニストップ	約2000台

各社の資料より作成

図表４―２ａから分かるように、なかにはサークルＫサンクスやミニストップのように、複数のコンビニＡＴＭを導入しているチェーンもあって、ちょっと複雑です。

しかし、ＡＴＭの設置台数としては、すでに他の金融機関を抜いて、コンビニＡＴＭが最も多くなっています（図表４―２ｂ）。

コンビニ店舗は、ＡＴＭの利用でも頼れる存在になったと言えましょう。ただし、最近ではコンビニ店舗以外の商業施設、駅や空港などでも、コンビニＡＴＭを見掛けるようになりました。

コンビニ特有のサービス

コンビニが提供しているサービスは多いので

図表4-2b　ATM設置台数の業態別比較

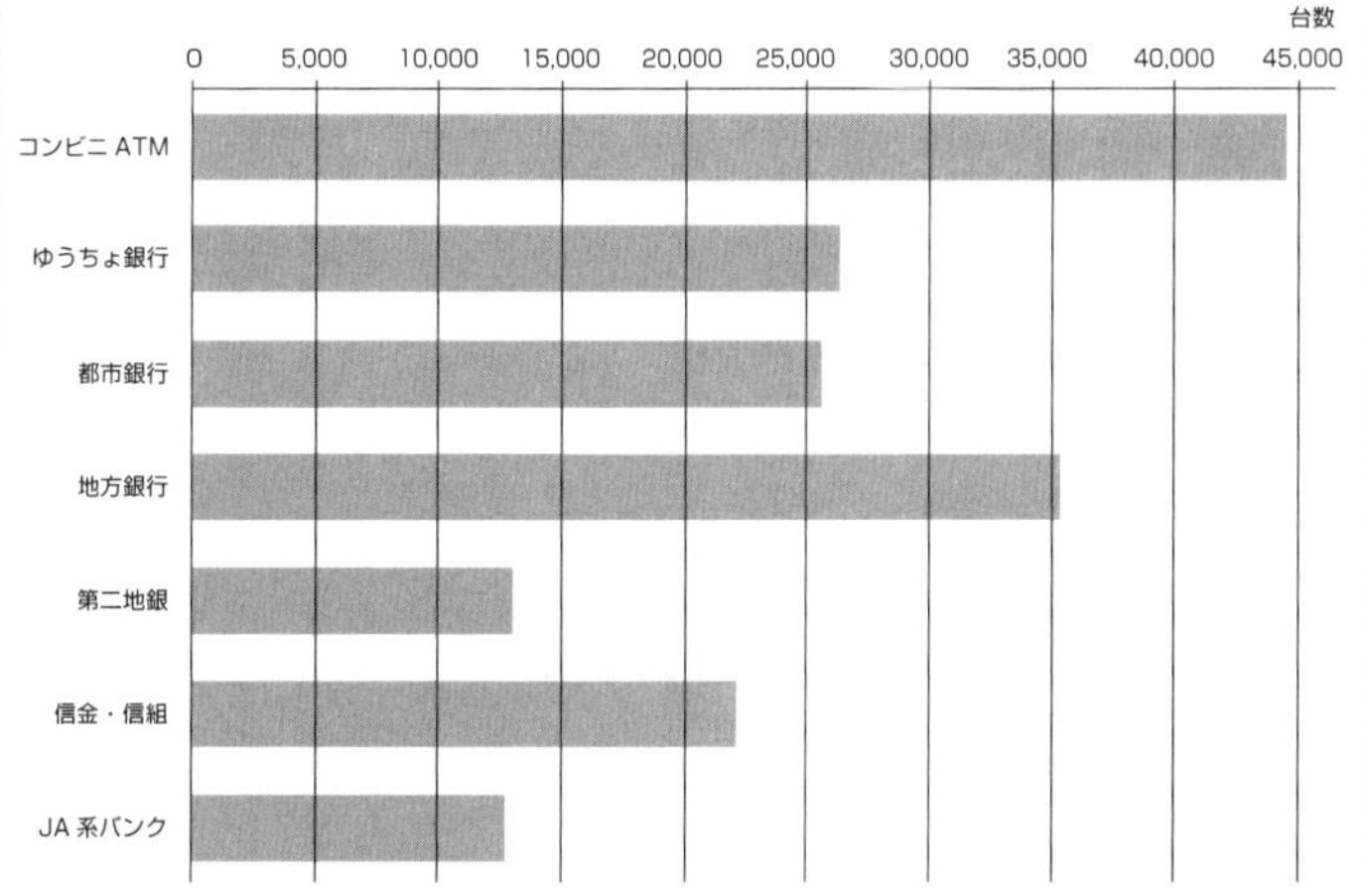

コンビニ ATM の台数は 2012 年 5～7 月、他業態の ATM 台数は 2011 年 9 月末現在

すが、宅配便の取次やコピーサービス、先述のコンビニATMにしても、コンビニ以外の店舗で提供しているところはあります。

他の店舗（業態）にはないコンビニ特有のサービスといえば、まず、公共料金やネットショッピングなどの代金の収納代行サービスを挙げることができます。

もちろん、公共料金の支払いには口座自動振替（自動引落）があり、ネットショッピングには代金引換（宅配で商品を受け取るときに代金を支払う方法で、通常は送料の他に手数料が必要）、銀行振込（郵便振替）、クレジット決済など、多様な決済手段のあるなかで、コンビニ店頭支払い（コンビニ決済）はひとつの選択肢に過ぎませんが、利用者の多い点から、使い勝手のいい決済手段のひとつであることは間違いありません。

実際に、コンビニが扱う公共料金等の代金収納額は、年々増えています。すでに1チェーン当たりでは売上高を超えています。コンビニ上位4チェーンの年間収納額は約8兆円に及び、その額はコンビニ上位10チェーンの売上高に匹敵するほどです。コンビニは、〝巨大な代金収納マシン〟でもあります。

たとえば、自動車税のコンビニ納付を始める自治体が増えていますが、納期内の納付率がそれ以前より改善されたところが多いようです。気付いたときに近くのコンビニで支払える便利さから、うっかり納期を逃してしまうことが減るのでしょう。

図表4-3　主なコンビニ店頭受取サービス

ネットショップ名（運営企業）	コンビニ店頭受取の場合				宅配の場合	
	受取可能コンビニ	送料	支払方法	受取可能基準	送料	支払方法
セブン-イレブンネット（セブン-イレブン）	セブン・イレブン	無料	商品引換	すべて	－	－
セブンミール（セブン・ミールサービス）				宅配のみ有	120円 500円以上で無料	払込票（店頭後払）、口座引落
セブンネットショッピング（同名）				3辺の合計100cm以下 食品、産直・ギフト等不可	300円 1500円以上無料	店頭前払、クレジット、代引（250円）、口座振込、Yahoo!ウォレット、他
エルパカ（ローソンHMVエンタテイメント）	ローソン	無料ｷｬﾝﾍﾟｰﾝ中（一律570円）	クレジット、コンビニ前払、ペイジー、ネット銀、他	LPや大型BOXセット不可	368円 2500円以上無料	代引（315円）、クレジット、コンビニ前払、ネット銀、ギフト券、ちょコム、他
Amazon.co.jp（アマゾンジャパン）		無料	商品引換（315円）、クレジット、コンビニ前払、他（Loppi端末使用）	コンビニ受取にしてエラーメッセージがでない 合計30万円未満	通常無料 急ぎ・日時指定有料（会員は無料）	代引（315円）、クレジット、コンビニ前払、ギフト券、ポイント、他
ファミマ．com（ファミマ・ドット・コム）	ファミリーマート	無料（会員外300円）	商品引換、クレジット、ポイント	3辺100cm、10kg以下 冷蔵・冷凍、産直等不可	350円 5000円以上無料	代引（315円）、クレジット、ポイント、他
カルワザオンライン（ときめきドットコム）	サークルKサンクス	無料	商品引換、クレジット、オンライン決済（店頭前払）	30万円以内 大型商品、産直等不可	350円 5000円以上無料	代引（315円）、クレジット、オンライン決済（店頭前払）
楽天ブックス（楽天）	ファミリーマート サークルKサンクス ミニストップ	送料無料延長中	商品引換（260円）、クレジット（ファミマのみ）	合計10万円未満	無料延長中（1500円以上無料）	代引（260円）、クレジット、ポイント、他
ネットオフ（同名）		送料300円 1500円以上無料	商品引換（450円）		300円 1500円以上無料	代引（315円）、クレジット、Tポイント
ドクターシーラボ（同名）		無料	クレジット、コンビニ前払	注文個数7個未満、5万円未満	525円 3150円以上無料	コンビニ後払、クレジット、代引（無料）、ネット銀、コンビニ前払、Edy、他
ディノスオンラインショップ（ディノス）	ファミリーマート サークルKサンクス ミニストップ	無料	商品引換、クレジット	小物包装、5万円未満 冷凍・冷蔵、生鮮品不可	小物配送350円～ 中850円、大1300円、特大1900円（定期便無料）	クレジット、口座振込、ペイジー、代引（無料）、特別ローン、ギフト券
	コミュニティストア スリーエフ		商品引換			
セシールオンラインショップ（セシール）	ファミリーマート サークルKサンクス ミニストップ スリーエフ	無料	商品引換	小物包装、10kg未満、5万円以下	350円 5000円以上無料（特急便630円）	クレジット、コンビニ振込、郵便振込、ネット銀、代引（無料）、他

また、ネットショッピングで最もよく使われる決済手段はクレジットですが、これに次いで、代金引換とコンビニ店頭支払いが利用されています。初めて利用するネットショップの場合は、逆に、クレジットよりコンビニ店頭支払いを選ぶ人のほうが多くなります。

さらに、ネットショップによっては、購入商品をコンビニ店頭で受け取るのと引き換えに代金を支払うサービスもあります。いわばコンビニ店頭での代金引換です。

前章で述べたように、コンビニ店舗に留め置きできる商品は限られますが、コンビニ店頭で代金引換したほうが、通常の代金引換よりも送料や手数料が掛からない場合が多いようです（図表4―3）。

一方、コンビニ店舗には、ネットショッピングによる代金の収納を代行したり、ネット購入商品を店頭で受け渡したりすると、店頭の商品を販売して得られる利益に比べれば非常に少額ですが、手数料収入が入ります。

リアル店舗とバーチャル店舗

もともと、コンビニでは、各チェーンが独自にネットショッピングを手掛けて、店頭に設置したコンビニＡＴＭ、コンビニＭＭＫ（マルチメディア端末）の２つを連動させた「コンビニＥＣ（電子商取引)」という独特な構想を描いてきました。

ネットショッピングは、ネット上に開設したサイトで売り買いするので、現実の世界にあるリアルな店舗に対して、仮想の世界にあるバーチャルな店舗と言えます。

コンビニにとって、他社が手掛けるネットショッピングの代金収納や商品の受け渡しを代行するだけでは、わずかな手数料収入しか得られませんが、自ら手掛けて販売すれば、店頭の商品と同じように利益を得られます。しかも、これまで売場に制約があって扱えなかった商品も扱うことができます。

バーチャルな店舗には、リアルな店舗のように場所という制約がありません。土地や建物などの店舗コストが掛からないだけでなく、商品も無限に扱えます。店舗に訪れてもらうにも、ネットに接続できれば、後はクリックひとつです。

これまでも、リアルな店舗を持たずに商品を販売する方法はありました。カタログなどを使った通信販売、テレビで商品を紹介して販売するテレビショッピングなどです。小売業界では、無店舗販売と言います。

従来型の無店舗販売にも、場所という制約はありませんが、扱い商品は有限です。カタログを厚くしたり、テレビの放映時間を延ばしたりすれば、その分コストが発生しますから、どこかで制限しなければなりません。

リアルな店舗に、売場の広さ、商品の陳列量に制限があるのと同じです。

特に、コンビニ店舗は、小売店舗のなかでも非常に小さく、売場が限られているために「売れ筋商品」に絞り込んだり、商品の入れ替えを早くしたりしてきました。

しかし、ネット空間であれば、カタログの厚さ、テレビの放映時間、売場の広さといった制限を超えることができます。

リアルな店舗を持っている小売業にとっても、ネット上のバーチャル店舗は、これまで扱いたくても扱えなかった商品を扱えるチャンスに感じられたはずです。

さらに、せっかくバーチャルな店舗をオープンするなら、既存のリアルな店舗と関連づけて、どちらの店舗にもお客を誘導したいと考えましょう。コンビニに限らず、リアル店舗を有しながらバーチャル店舗を開設した小売業にとって、現在でも〝リアルとバーチャルの融合〟は重要な課題です。

コンビニ業界では、〝リアルとバーチャルの融合〟方法として、店頭に設置したＡＴＭやＭＭＫを利用しようとしました。

店頭にＡＴＭとＭＭＫの両方を設置している小売店舗は、10年前までコンビニ以外には見当たりませんでした。それだけでも、「コンビニＥＣ」は独特なスキームと言えました。

「コンビニEC」構想

コンビニは、第2章でみたように、各チェーンが競い合って、リアルな店舗を出店してきました。できるだけ人々の近くにあって、思い立ったとき〝いつでもどこでも〟利用してもらえるようにするためです。リアル店舗数は、全国で4万店を超えました。実際に、都市部に暮らしている人なら、ほんの半径500mの範囲に、複数のコンビニ店舗を確認することができるでしょう。

しかし、どんなに近くても、リアルな店舗へ行くには、外出しなければなりません。家に居ながらにして訪れられるバーチャル店舗のほうが、人々には近い存在です。

そのうえ、ネットに接続できる環境は、家のなかだけとは限りません。スマートフォンの普及を待つまでもなく、携帯電話の機能のひとつとして、1990年代末にはネットに接続できるようになっていました。

ネットに接続できるモバイル端末（当時のケータイ）は、まさに〝いつでもどこでも〟バーチャル店舗への入口となります。

とはいえ、現在でこそ、日本のネット普及率は約8割に上っていますが、10年以上前、コンビニが独自のEC構想を描いていた頃は、ほんの2割台でした。

ネットの利用目的も、電子メールや情報の入手が主なもので、ショッピングはそう多くありません。総務省の家計調査で、世帯の消費支出に占めるネットショッピングの割合をみても、当時は1％に満たないものでした。

数年のうちには、急速なネット普及を背景に、ネットショッピングへの支出額は数倍にも増えましたが、当時のネットショッピングで利用された端末は、パソコンが主で、モバイル（ケータイ）は従でした。

コンビニも〝いつでもどこでも〟の時間的な利便性を提供してきたので、モバイル端末との相性はいいと考えられます。

モバイル端末の特徴は、〝移動性（モビリティ）〟です。たとえば、ケータイを通じてクーポンや情報を流しても、出先であれば尚更、近くのコンビニ店舗に立ち寄りやすいでしょう。

その店頭には、コンビニＭＭＫ（マルチメディア端末）が設置されていて、チケット、旅行商品、音楽やゲームソフト、写真サービス、車関連商品やキャラクターグッズなど、さまざまなコンテンツを販売しています。ＭＭＫは、ネットに慣れない人でも簡単に操作できます。

また、ネット上でクレジット決済するのに不安を覚える人には、コンビニ決済も用意されています。店頭にはＡＴＭもありますので、現金を引き出して支払うこともできます。

各チェーンが独自に開設したバーチャル店舗は、店頭のＭＭＫと連動して、あらかじめ注文した商品やサービスの受け渡しや代金支払いにも活用されます。

モバイル端末、ＭＭＫ、ＡＴＭ、バーチャル店舗は、それぞれ単独でも利用できますが、店頭と結び付いて利用されたときに「コンビニＥＣ」となります。

コンビニＭＭＫの変遷

「コンビニＥＣ」といっても、店頭での結び付き方は、各チェーンの構想によって異なっていました。

先に挙げたＡＴＭが、運営の仕方だけでもいろいろあるように、ＭＭＫの機能も各チェーンによっていろいろでした。しかも、セブン‐イレブン、サークルＫサンクス、ミニストップの各チェーンは、ＭＭＫを導入し始めたものの、途中で断念してしまいました。

当時、１台当たり１００～２００万円くらいと言われたＭＭＫは、とても高価な筐体《きょうたい》でした。全店舗に導入するのに掛かるコストに対して、得られる効果を未知数と判断するチェーンが相次いだのです。

すでに全店導入していたローソンのＭＭＫ「Ｌｏｐｐｉ」では、売上げの６割がチケット販売（ローソンチケット）でした。

無限に商品が扱えて、何でも売れるとはいっても、実際には何でも買ってもらえるわけではなかったのです。

そのなかで、コンビニと相性のいい商品やサービス分野が、エンタテインメント（エンタメ）でした。現在も、P187の図表4―3に挙げたローソン系「エルパカ」、ファミリーマート系「ファミマ・com」、サークルKサンクス系「カルワザオンライン」の各ネットショッピングでは、エンタメが売れ筋商品です。

MMKについても、サークルKサンクスが、改めて2000年代後半に、MMK「カルワザステーション」を導入しました。その導入の当初には、電子マネーを活用した同チェーンの会員制度「カルワザクラブ」のポイント付与・交換機のようでしたが、その後に、チケット発券やコンビニ決済などの機能を付加して行きました。

また、ミニストップは、2012年にグループ企業のイオンとローソンがエンタメ分野で協業したのを機に、ローソンのMMK「Loppi」を全店導入しました。イオングループのイオンシネマズは、シネマコンプレックスを展開しています。映画をテーマに共同キャンペーンを仕掛け、ミニストップ店頭でもMMKを通じてチケット発券やキャラクターグッズなどを販売します。

一度はMMKを断念したチェーンが、改めてMMKの導入を図る背景には、コンビニ店舗以外の場所を含め、MMKを目にしたり、使ったりする機会が増えたこと、そうした普及により、筐体自体の価格が下がったことなども一因に挙げられましょう。

コンビニとしては、当初に描いたように、ネットと連動して何でも売ることはできませんでしたが、ＭＭＫを通すことで、サービス商品の申し込み、支払い、受け取りなどの作業を共通化できます。レジカウンターでの店舗スタッフの作業負担を過重にすることなく、サービス商品を増やせるのもＭＭＫの大きなメリットです。

プラットフォーム化するコンビニ店舗

「コンビニＥＣ」構想は、各チェーンともに当初とは異なってしまいましたが、いい意味で独自性への気負いが抜け、コンビニ最大の特徴である店舗ネットワークが活かされるようになりつつあると思います。

コンビニの店舗ネットワークは、単に店舗の数が多いというだけではありません。数多くの店舗は、情報システムと物流システムの両輪に支えられ、本部、地区事務所、物流センターなどともつながっています。

情報システムも物流システムも、ＩＴの発達に支えられています。

たとえば、先述したコンビニＡＴＭ、コンビニＭＭＫも、店頭のレジカウンター上に設置されているＰＯＳ（販売時点情報管理）と同じく、情報システムによって管理されていますが、現在では、光ファイバーなどの高速大容量のネットワークで、動画や音声を配信したり、その場ですぐチケットを発券したりできるようになりました。

初めてコンビニ店頭に導入されたMMKでは、コンテンツ（中身）をCDによって週単位で入れ替えていたのですから、ITの進化を感じるでしょう。

もっとも、「コンビニEC」構想も、ITの発達のなかで描かれたものでした。実現しなかったスキームも多いので、ここでは語りませんが、この頃〝ドッグイヤー〟とか〝マウスイヤー〟という言葉をよく耳にしました。

人間に比べて成長する（年を取る）スピードの速いイヌやネズミに、ITの進歩をなぞらえたのです。それほど、ITによる革新とそれによってもたらされる社会生活の変化は急激なものに感じられました。

しかし、ITを操るのは人間です。動物にはそれぞれ固有の時間の流れがあります。どんなにイノベーションが行なわれても、人間に固有の時間が、他の動物のそれに取って代わられることはありませんでした。

ピーター・ドラッカーが、著作のなかで、インターネットが世界的に普及したのは、コンピュータが発明されてから50年後のことだと述べています。それは、15世紀に活版印刷術が発明されてからルターの宗教改革が起きるまでの50年、18世紀に蒸気機関が発明されてから産業革命が起きるまでの50年と、流れた時間は同じだといいます。

交通機関の発達とか、生産の機械化などによって、社会変化のスピードは増していると感じていましたが、人間が考えたり、受け入れたり、咀嚼《そしゃく》したりするのに要する時間は、実は変わらないということでしょうか。

ネット社会の現時点において、コンビニが担う役割も、人々が受け入れ、咀嚼される時間とともに求められるものとなります。

たとえば、最近に求められて始まったサービスとして、行政サービスや家事代行サービスの取次、カーシェアリングや自転車向け保険の取次、ＥＶ（電気自動車）充電器の設置などを挙げることができます。

それぞれのサービスは、コンビニ各チェーンが主体的に取り組むというより、各サービス事業者（自治体）がコンビニのシステムを活用して提供しているものです。いわば、コンビニ店舗がプラットフォーム（インフラ基盤）になっているのです。

コンビニの地域サービス

多くのサービス事業者（自治体）が、コンビニ店舗をプラットフォーム（基盤）として利用しているのは、単にコンビニのシステムが進んでいるからだけではありません。

コンビニ店舗は、数が多く、比較的に人の集まりやすい場所にあって、何かしらの理由で来店する人も多いからです。こうした場に求められるサービスを集めておけば、利用しやすいでしょう。

プラットフォームといえば、通常はIT世界で、たとえば、ネットショッピングでの楽天「楽天市場」やアマゾン「amazon.co.jp」、スマートデバイス（スマートフォンやタブレット端末）でのグーグル「Android」やアップル「iOS」、ソーシャルゲームでのグリー「GREE」やDeNA「モバゲー」などを挙げることができます。

目的や利用シーンによって、それぞれのプラットフォームには、多くの人とサービスが集まり、行き交っています。

コンビニ店舗も、多くの人とサービスが行き交います。最大の特徴は、それが現実に存在している点です。ちょうど人と列車が行き交う駅のプラットフォームのように実在し、1店舗1店舗（1駅1駅）は、別々の場所にあって、それぞれに違った行き交い方をしているのです。

同じプラットフォームでも、場所（地域）という要素が加わることで、人とサービスの行き交い方が異なるなら、その地域に限定したサービスの提供も考えられます。

たとえば、地域の活性化や出会いの場の提供を目的とする街を挙げてのコンパイベントの「街コン」。その発祥とされる栃木県宇都宮市の「宮コン」のチケットがローソンチケットで扱われていたことがありましたが、街コンの会場（飲食店など）案内図や関連グッズなどの販売で、地域のコンビニ店舗をもっと利用できる余地がありそうに思います。

また、千葉県松戸市内のラーメン店を紹介する「まつどラーメンマップ」が、セブン-イレブン店舗のマルチコピー機のネットプリントサービスを使って、発行されたことがあります。地域メディア（情報誌やパンフレットなど）を低コストで、継続（更新して）発信するために、コンビニのサービスを利用したものです。

街歩きや散歩を趣味にしている人も多いようですから、ぶらりと立ち寄った街のコンビニ店舗で、お勧め情報マップがオンデマンドで取り出せたらいいと思いませんか。

オンデマンドなら、コストは低く、その時々のイベント等に関連して特典を付けることも簡単にできます。

少し広い地域では、レンタサイクルなどの用意もあったら便利でしょう。ついでに、飲み物やおやつなども調達して、いざ出発となりそうです。

地域の生活者向けに、カーシェアリングやサイクルシェアリングのサービスが、すでに始まっています。地域によっては、コンビニ店舗も活用されています。

実際に場所（スペース）の確保が伴うサービスは、各地域の実情やニーズによって、要否や可否は分かれるでしょうが、地域性があって、モノの受け渡しが介在するサービスこそ、コンビニ店舗というプラットフォームの活用価値もあるというものです。

第1章で述べたように、コンビニ各チェーンは、地域と連携して地域食材を活かした地域商品を開発しています。地域サービスの面でも連携して、コンビニ店舗がプラットフォームに活用されればいいなと思います。

2 コンビニのコミュニケーション

ポイントサービスの狙い

買い物をしたとき、「ポイントカードをお持ちですか」と店舗スタッフから声を掛けられることが多くなりました。そういえば、ある新聞の投書欄で「いちいち声を掛けられて不愉快」という意見を見掛けましたが、その後何日かして「そんなこと言わずに、ポイントを利用すれば賢く買い物できますよ。私はそうしています」という投書が載りました。

ポイントサービスを導入している企業や店舗は多いので、そのサービスを利用している人も多いと思います。

以前には、会員登録するとカードや会員証が発行されたので、言われるままに会員になったら、サイフがカードで一杯になったという経験の持ち主もいるでしょう。

最近は、電子マネーとの一体型、複数の企業による共通ポイントもあって、利用する店舗の数だけカードをつくることはなくなりました。また、通信販売やネットショッピングなどのポイントサービスでは、基本的にカードは必要ありません。

賢く利用しているという人ほど、いくつものポイントサービスを使い分けているようです。貯まったポイントは、次回の買い物代金の支払いに当てたり、グッズや商品券などに交換したりできますが、他社のポイントサービスと連動して、ポイント交換できるサービスも増えたからです。特に、航空会社のマイレージ交換を目的にポイントを貯める「陸《おか》マイラー」は注目を集めました。

コンビニ各チェーンも、独自のポイントサービスを行なっています。

コンビニ店舗で扱っている商品は、一般的に値引き販売されませんが、ポイントサービスを利用すれば、実質的に値引きと同じようなお得感を味わえると人気です。

また、コンビニ店舗での買い物は少額な決済が多いため、買い物代金の端数をポイントで支払うのにも適しています。

しかも、上位チェーンの独自のポイントサービスを見ると、電子マネーとの一体型か共通ポイ

会員数 (2012年 4月末)	ポイントの運営	その他の利用箇所＆利用店数	
1575万	セブン·カード サービス (セブン&アイ)	デニーズ イトーヨーカドー イズミゆめタウン そごう・西武デパ地下	10万4300店 (2012年3月)
4414万	ロイヤリティ マーケティング (三菱商事)	ゲオ 昭和シェル石油 ＫＦＣ ローソンストア100	1万8659店 (2012年7月)
441万 (3978万)	ＣＣＣと ヤフーの提携会社 (2012年10月から)	TSUTAYA エネオス ドトールコーヒー スリーエフ	4万7339店 (2012年6月)
130万	サークルKサンクス	—	6211店 (2012年6月)
115万 (2550万)	イオンリテール	イオン マクドナルド ファミリーマート ココストア	14万5000店 (2012年5月)

ファミリーマートの会員数はファミマＴカード会員数、その下の（　）内はＴカード会員数
ミニストップの会員数は「お得なケータイサイト」登録者数、その下の（　）内はWAON発行数

図表4-4 上位チェーンのポイントサービス概要

チェーン名	名 称 (導入時期)	サービスの種類	チェーン 店頭での ポイント付与
セブン-イレブン	nanaco (2007年4月)	電子マネー QUICPay可	・100円 買上げごと1P ・ボーナスP ・ネットクーポン
ローソン	ローソン Ponta (2010年3月)	共通ポイント クレジット可	・100円 買上げごと1P ・レジ精算ごと1P ・ボーナスP ・割引クーポン
ファミリーマート	Famima T Card (2007年11月)	共通ポイント クレジット可	・100円 買上げごと1P ・P2倍デー ・Pプラス キャンペーン
サークルKサンクス	KARUWAZA Card (2004年7月)	電子マネー Edy、 Suica 等登録	・100円 買上げごと1P ・ボーナスP ・もくーポン
ミニストップ	WAON (2007年11月)	電子マネー クレジット可	・200円 買上げごと1P ・P2倍デー ・割引デー ・WAOポン！

ントです（図表4―4）。

わざわざ1チェーンのためにカードをつくるのではなく、いろいろ利用できて特典範囲の広いところも、コンビニのポイントサービスを気軽に利用する理由になっているかもしれません。

ポイントサービスを利用する消費者には、ポイントを貯めたり、交換したり、使ったりする楽しみがあります。一方、ポイントサービスを導入する企業や店舗は、コストを掛けて、その分の利益を削って何を求めているのか、ご存知でしょうか。

なかには、ポイントサービスを導入する競合が増えたので、対抗して導入しているところもあるかもしれませんが、通常は、買い物客の個人情報と、いつ何を買ったか、何と何を併せ買いしたか、どのくらいの頻度で買い物しているか、といった購買行動履歴を収集するのが目的です。

もちろん、収集した情報は分析して、今後の商品開発、店頭での品揃えなどに活かして行くことが前提にあります。

「囲い込み」から「相互送客」へ

ポイントサービスを利用するには、そのサービス提供者に、一般的には、個人情報を提供することになります。

ポイントに気を取られて、個人情報については気軽に考えていた人もいるかもしれませんが、たとえば、クレジットカードをつくったときのことを思い出せば、広範囲に個人情報を提供して、審査を受けたことに思い至るでしょう。

クレジットカードは、現在のような電子マネーとの一体型や共通ポイントができる前からポイントサービスを行なってきましたので、その間に、使える店舗や場を増やし、セキュリティ対策を施して、利用履歴の情報収集と分析でも先行してきたと言えます。

電子マネーもオートチャージ（自動入金）を選択している場合は、クレジットカードとむすびついています。

しかし、もともとのポイントサービスは、買い物金額などに応じて、台紙にスタンプを押したり、切手状のシールを配布したりするだけで、個人情報や購買履歴をとやかく詮索することはありませんでした。というより、とやかく詮索できませんでした。

その代わり、スタンプやシールを貯めると特典や割引があるので、また来ようと思ってもらうことが目的でした。そうして繰り返し来店してくれるお客を「優良顧客」として、大切にしたのです。

もっとも、どの店舗もポイントサービスを導入して、優良顧客の獲得（囲い込み）に精を出すようになりますと、お客のほうでも、よりポイントが貯まりやすく、より特典内容のいい店舗へ移って行くでしょう。すると、店舗の側では、ボーナスポイントを付与したり、ポイント2倍デーを設けたり、徐々にポイントの還元率を高める〝ポイント合戦〟の様相を呈して行きます。

ポイント合戦は、安売り競争と同じく、勝っても負けても、競争に巻き込まれた企業や店舗の収益体質を疲弊させます。こういうときは、本来の目的に立ち返って、手法を見直すことが肝心です。

図表4―4で、コンビニ各チェーンのポイントサービスの導入時期を見ると、比較的最近であることに気づかれると思います。

実は、ローソンとファミリーマートは、2000年代前半から各チェーン独自のクレジットカードやポイントカードを導入し、独自にポイントサービスを展開していましたが、ファミリーマートが2007年に「Tポイント」、ローソンは2010年に「Ｐｏｎｔａ」と、それぞれ共通ポイントに加わりました。

共通ポイントには、コンビニの他に、ガソリンスタンド、レンタルショップ、ファストフード、ドラッグストアなど、さまざまな業種・業態が参加しているので、日常生活のいろいろな場面でポイントサービスを利用する機会が増えます。

さらに、共通ポイントに参加している店舗同士は、自店のお客に他店のイベント情報を伝えたり、割引クーポンを配布したりして、相互にお客を紹介し合ってもいます。

たとえば、普段よく利用しているガソリンスタンドで、近くのコンビニの割引クーポンをもらったので、何かのついでにコンビニに立ち寄ってみたといったシーンが描けます。

1チェーン単独での顧客の「囲い込み」から、多くの業種・業態が相互にお客を紹介し合う「相互送客」とすることで、ポイント合戦などによる消耗を防ぐことができます。

電子マネーによるポイントサービス

電子マネーと一体型でポイントサービスを提供している場合も、共通ポイントと基本的には似ています。

電子マネーの利用できる範囲は広いので、よく利用する店舗の会員に登録すれば、その後は電子マネーで決済するたびにポイントが付与されます。わざわざポイントカードをつくらないので、レジ精算時に代金支払いとは別にポイントカードを提示する手間もありません。「ポイントカードをお持ちですか」と聞かれることさえないわけです。

「Ｓｕｉｃａ」、「ＰＡＳＭＯ」、「ＩＣＯＣＡ」などを交通系電子マネーというのに対して、「ｎａｎａｃｏ」や「ＷＡＯＮ」を流通系電子マネーと言います。セブン＆アイグループ、イオングループの大手流通小売業が発行している電子マネーだからです。流通系だけに、決済に利用される件数の多いのが特徴です。

ただし、ポイントサービスの戦略的な考え方では大きく異なります。

セブン-イレブンは、nanacoを使ってポイントサービスを展開していますが、ポイントの共有は、基本的に同じセブン&アイグループに属する店舗やネットショッピングなどに限っています。同グループ以外にもnanacoを利用できる店舗はありますが、必ずしもポイント共有されていません。つまり、nanacoの利用とポイントサービスを切り離して考えているのです。

一方、WAONの場合、利用できる店舗や施設では、イオングループに属しているかどうかにかかわらず、同様のポイントサービスを提供しています。たとえば、ファミリーマートの店舗でもWAONは利用できますが、決済額に応じてポイントが付与されます。

ファミリーマートは、先述のように、Tポイントに加盟して、Tポイントを自チェーンの戦略的なポイントサービスとして活用していますので、WAONの利用は、あくまで来店客の利便性の向上に資するものです。

すると、ミニストップは、イオングループの一員として、WAONの誕生時から店舗での利用を開始してきましたが、提供されるポイントサービスは、競合のファミリーマートと変わらないことになります。もちろん、独自にボーナスポイントなどを付加することもできますが、戦略的なサービス運用とまでは言えませんでした。そこで、ミニストップ独自の「お得なケータイサイト」会員とWAONを紐づけることで、現在では、ミニストップ独自のサービスを展開しています。

　この点で、サークルKサンクスは、流通系電子マネーが登場する以前から、既存の電子マネー「Edy」などを活用して、独自の「カルワザクラブ」会員サービスを展開してきました（P202、203の図表4—4）。

　こうしてみると、コンビニ各チェーンが、電子マネーの利用やポイントサービスの提供をしているのは、来店誘導のためというだけではないことに気づかれるでしょう。本来の目的は、独自のポイントサービスを利用してくれる自チェーンの会員を増やすことにあります。

　その理由は、会員の情報を集めて、分析して、より良い商品開発や店舗づくりに活かしたいと考えているからです。できるだけ多くの人に会員になってもらったほうが、収集できる情報が増えると同時に、分析の精度を高めることができます。

ポイントを介したコミュニケーション

　ポイントサービスは、コンビニにとっては利用者（会員）の情報を得る手段であり、利用者にはサービスを通じてお得に買い物するというだけでなく、個人の情報をコンビニに提供していることになります。

このことに、利用者は、まず自覚的であるべきでしょう。

先述したように、スタンプの押印や切手状シールを配布していた頃には、情報の収集とか分析などは考えられていなかったでしょうが、それが可能になった背景にもＩＴの進歩があります。

特に、ネット上でサービスを利用しようとすると、無料のサービスであっても、たいてい個人情報の提供を求められます。情報の収集と分析が、ＩＴの活用で容易になったからです。一方で、収集や分析された情報はデータ化されるために、しばしばデータ漏洩《ろうえい》の問題も起きています。

しかし、ポイントサービスによるインセンティブ（お得）と引き換えに、個人の情報を提供していると思うと複雑な心境にもなりましょうが、これによって、いつものコンビニ店舗がもっと便利に、使い勝手がよくなるのだとしたらどうでしょう。

つまり、あなたの真摯《しんし》な買い物行動が、明日のコンビニ店舗の良し悪しにつながっているのです。少しでも使い勝手のいい店舗になってもらうために、あなたはコンビニと契約して、ポイントサービスの会員になっていると考えることもできます。

先ほど、自覚的であるべきと言ったのは、最終的に目指しているのが、使い勝手のいい店舗だという点です。具体的に言えば、自分だけ得すればいいと思う人は稀で、たいていは、みんなが利用しやすく、環境にもやさしく、安心で安全な店舗になってほしいと思っているはずです。この点で、コンビニが目指している店舗づくりと完全に一致するということです。

コンビニにとって、ポイントサービスはコミュニケーション手段のひとつです。これを通じて、会員（お客）との絆を深めながら、長期的で継続的な関係を築いていくことを志向しています。

その会員になるとは、ある程度の信頼を置いて、部分的ながらも個人の情報分析を〝許諾（オプトイン）〟する行為です。会員になる側も、将来にわたって継続的な関係を築いていく覚悟を持つべきだと思います。

人口減少と少子高齢化が進めば、これまでのように、競合し合う複数の店舗から、その時々の自分に合った店舗を選べる環境が続くとは限りません。そうなれば、店舗と協力しながら、自分に合った店舗をつくっていくことになりましょう。

すでに、近い距離にリアルな（現実の）店舗がなかったり、いまの自分に適する店舗がなかったりという「買い物弱者」も存在します。この場合は、一から自分の都合に合わせた店舗をつくるのです。その方法論については、次章で詳しく検討します。

ポイント会員データとPOSデータ

これまでも、コンビニは使い勝手のいい店舗づくりを目指して、さまざまな試みをしてきました。ＰＯＳシステムの活用も、そのひとつです。

ＰＯＳシステムは「商品」の売れ行き状況を管理します。このうち、よく売れる商品を「売れ筋商品」として、売場で最も目立つ位置に配置して、狭い店舗でも効率よく売上げを上げてきました。

もっとも、ＰＯＳシステムの真価は、売れ筋よりも「死に筋商品」を発見することにあります。つまり、あまり売れていない商品がどれかをはっきりさせ、新商品と入れ替えるのです。毎週のように新商品を投入したり、年間で約７割の商品を入れ替えたりできるのも、ＰＯＳデータの分析に負うものです。

もちろん、死に筋商品だからといって、そのすべてが入れ替えられてしまうわけではありません。用途や機能などから代替の利かない商品はあります。店舗の立地上どうしても必要な「特殊商品」、頻度は低くてもコンスタントに売れていく商品もあります。

とはいえ、人々の耳目を集めるのは、売れ筋商品のほうです。やはり、ＰＯＳデータで売れ行き上位の商品は、多くの人から支持される「人気商品」と思われがちです。実際には購買層が片寄っていたとしても、ＰＯＳだけではははっきりしません。また、店頭で「当店売れ行きナンバーワン！」といったＰＯＰ（店頭広告）を掲げて売り込むと、名実ともに人気商品になることもあります。

ＰＯＳデータが「商品」の売れ行きの累積情報であるのに対して、ポイントサービスの会員データは「お客」の買い物行動の履歴情報と言えます。

ただし、ＰＯＳでは商品の売れ行きを1品単位まで細かくをデータ化していますが、ポイントサービスでは会員を個人単位まで分析していません。どんな商品を買う傾向があるか、もしくは、来店の頻度や買上げ金額、年代や性別などからクラス分けして、まとまったクラスごとにデータ化しています。

将来的には、個人単位での分析を目指しています。1人1人の嗜好《しこう》やニーズに合わせるという意味から「Ｏｎｅ ｔｏ Ｏｎｅ」の言葉が使われてきました。

その具体像によく挙げられるのは、お客の家庭事情にまで通じた店主が、店先で臨機応変に商品を小分けして販売しているシーンです。お客1人1人のデータは店主の頭の中にあるというわけです。顔を突き合わせたコミュニケーションを大事にする意味から「Ｆａｃｅ ｔｏ Ｆａｃｅ」の言葉が当てられることもあります。

すべてを1人で切り盛りしている店舗なら、お客1人1人の事情を記憶することも不可能ではないと思います。

これを、３６５日24時間営業を基本とするコンビニ店舗で、何人ものスタッフが分担しながら、されど、どのスタッフが対応しても同じになるように、データ化して情報の共有を図るのです。

いまのところ、お客のクラス分けは、どんどん細分化されつつあります。Ｏｎｅ ｔｏ Ｏｎｅに近づいていると言えましょう。一方、ポイントサービスの利用者も増えています。

この調子で、会員データの分析精度が上がって行けば、ＰＯＳデータの役割は終わるだろうという人もいます。

しかし、先ほどから述べているように、両データが分析している情報、さらに活用シーンも異なります。ＰＯＳデータが示すのは、商品の売れ行き状況です。大雑把に売れ行き商品の傾向を摑むことができます。

一方、会員データが示すのは、お客の買い物行動です。次にどんなコミュニケーションを図っていくかの目安になります。Ｏｎｅ ｔｏ Ｏｎｅに近づくほど、個別なコミュニケーション手段となるはずです。

新たなコミュニケーション手段の登場

ネットの普及によって、新たなコミュニケーションの手段が生まれました。コンビニ各

ローソンのキャラクター「あきこちゃん」

ミニストップ
○
○
○
○
○
5

チェーンでも、積極的に活用しています。

ホームページ(HP)やメールマガジン(メルマガ)に続いて、昨今はソーシャルメディアの活用が目立っています(図表4−5)。

現在、大手チェーンの活用度が高いのは、ソーシャル・ネットワーキング・サービス(SNS)の「Facebook」や「mixi」、ミニブログの「Twitter」、動画共有サイトの「YouTube」などです。

ソーシャルメディアは、本

図表4-5 上位チェーンのソーシャルメディア活用

ソーシャルメディア ＼ チェーン名		セブンーイレブン	ローソン	ファミリーマート	サークルKサンクス
SNS	Facebook	○	○	○	○
	mixi		○	○	
	Google+		○		
マイクロブログ	Twitter	○	○	○	○
	Tumblr		○		
携帯系SNS	mobage		○	○	
	GREE		○	○	
	Ameba			○	
動画共有	YouTube		○	○	○
	ニコニコ動画		○		
	Ustream		○		
画像共有	pinterest		○		
	Twitpic		○		
	Instagram		○		
イラスト共有	pixiv		○		
位置情報共有	foursquare		○		
	ロケタッチ		○		
UGC型情報共有	NAVERまとめ		○		
ブックマーク	はてなブックマーク				
Q&A	おけったー		○		
無料通話&メール	LINE		○		
その他			謎のローソン部・他	趣味人倶楽部	
メディア計		2	22	8	3

2012年7月現在

来〝属人性〟が強く、個人間での情報のやり取り（情報の交換と共有）を基本としていますが、商業利用にも道が開かれました。

また、ソーシャルメディアといっても、それぞれに特徴があり、その特徴によって、利用層や利用シーンが異なります。

ＳＮＳは、ネット上に社会的なネットワークを構築できるサービスです。現実社会での人間関係（ソーシャルグラフ）をより親密にする場合とネット上だけの人間関係（バーチャルグラフ）を相対的に緩やかにつないでいく場合があります。

基本的に実名で利用されるＦａｃｅｂｏｏｋは前者です。一方のｍｉｘｉは匿名でコミュニティに参加できますが、出身校の集まりやオフ会も盛んなので、やはり前者の事例のほうが多いかもしれません。

ＩＣＴ総研の市場調査によれば、２０１１年末時点での日本のＳＮＳ利用者は、ネット利用者の４人に３人にも及んでいます。

Ｔｗｉｔｔｅｒは、ネット上に短い文章を投稿できるサービスです。〝つぶやく〟ように利用が簡単なので、次々に伝え合って、あっという間に情報が拡散することもあります。

つまり、情報を共有しながら関係を深めたいのならＳＮＳ、情報を素早く広めたいならＴｗｉｔｔｅｒを利用するのが有効的です。したがって、活用目的に合わせ、いくつかのメディアを使い分けることになります。

ローソンは、他チェーンに比べて数多くのメディア活用に積極的です。「ローソンクルーあきこちゃん(ローソン店舗でアルバイトをしている女子大生)」というキャラクターを設定し、メディアによっては「あきこちゃん」でなく、「あきこちゃんのお兄ちゃん」「あきこちゃんがアルバイトをしているローソンの店長」などがコミュニケーションを担当しています。組織を前面に出すより、キャラクターのほうが親しみを感じてもらえるようです。しかも、統一的なキャラクターの世界観で、ローソンへの高感度を高めました。

できるだけ幅広い層とコミュニケーションするためには、数多くのソーシャルメディアを活用したほうがいいでしょうが、その分コストも掛かります。

実際には、人気の高いメディアに利用者が集中する傾向が見られることから、チェーンの多くも、費用対効果を考えて人気のメディアに活用を集中させています。

コミュニケーション手段のクロス化

コンビニは、新規商品の開発に熱心で、映画や雑誌などの既存メディアとのコラボレーションも多く、話題性の高い商品やイベントづくりに取り組んできましたので、ソーシャルメディアでもコンビニ発の情報は取り上げられやすいようです。

この点で、コンビニはソーシャルメディアとの相性もいいと言えましょう。

この章の前半で、コンビニは〝いつでもどこでも〟ネットに接続できるモバイル端末とも相性がいいと言いました。

ソーシャルメディアの特徴である〝双方向性（インタラクティビティ）〟、モバイル端末の特徴である〝モビリティ（移動性）〟は、これからのコミュニケーション手段を考えるうえでの2大ポイントになると思います。

これまでのメディアは一方向に情報を伝えるのが主流でしたので、昨今は双方向性を付加する工夫も見られるようになりましたが、現在のところ、メディアの組み合わせ（クロスメディア化）によって、コミュニケーションの質を上げようとしています。

たとえば、新商品の発売では、キャンペーンや既存メディアで露出度を高めると、その効果で売れ行きがよくなりますが、効果の持続期間が年々短くなっていると言われていました。最近は、SNSとも連動して、消費者の関心を長引かせ、商品の売上げ効果を上げています。

もっとも、既存メディアは自社コントロールが利きますが、ソーシャルメディアはノンコントロールであることに気を付ける必要があります。もしかしたら、マイナスの情報が飛び交うかもしれません。

電話やメールなどで苦情を言ったり、問い合わせたり、直接にコミュニケーションを取る手段はありますが、直接に言うほどでもない小さな不満は、ソーシャルメディア上での噂になりやすいものです。

コンビニの事例ではありませんが、ネット上を飛び交う膨大な〝つぶやき〟から、自社に関する発話を自動的に検出し、不満や困りごとには期待以上の対応（アクティブサポート）をすることで、逆に好感度を上げている企業もあります。

ソーシャルメディアの双方向性とモバイル端末のモビリティを活かせば、いつでもどこでもタイムリーな対応が可能です。ただし、ソーシャルメディアは情報のやり取りには長《た》けていますが、詳述には向かないので、この場合も、詳しく解説したHP（公式サイトなど自社メディア）や1対1で説明を尽くすカスタマーセンター（お客さま窓口）などへ誘導し、既存のコミュニケーション手段とクロス活用されます。

ビッグデータの解析と消費者心理

ソーシャルメディアの利用者は、商品やサービスを購入する際にも、ソーシャルメディア上の人間関係に影響を受けると考えられています。具体的には、企業の広告や告知（メルマガ）よりもソーシャルメディアのクチコミで商品に関心を持ち、検索サイトや企業のＨＰではなくコミュニティサイトの仲間から得た情報を頼りに購入商品を決定するというのです。

もし、そうであれば、コストを掛けて広告を打ったり、メルマガを出したり、ＨＰを充実させたりしても、企業は費用対効果を期待できないことになります。その分、ソーシャルメディア上の生の声を集め、コミュニティサイト上での話題を探って、いかにクチコミされやすくするかを研究するほうが賢明です。

しかし、現在までのところ、商品の情報を集めたり広めたりするにはソーシャルメディアを利用するものの、最終的に商品を購入する情報はメルマガから得ている人の割合が高いことが分かっています。つまり、メルマガとソーシャルメディアは使い分けられているのです。

もちろん、今後ともソーシャルメディアの利用者、利用シーンともに増えていくことが予想されます。しかも、利用される情報は、音声、写真、イラスト、動画、ジオ（位置情報）などが掛け合わされて、質と量ともに多様なものです。最終的な購入選択での利用も増していくことでしょう。

先述したポイントサービスの利用から得られる情報とも合わせて、多様で大量な情報を〝ビッグデータ〟として解析する試みも進んでいます。ＩＴの発展がなければできないことですが、発展を促してまで行なう目的は、企業とお客、組織と人、人と人との関係を良好に末永く維持して行くことです。

ビッグデータの解析自体を支えているのは高度な情報処理技術ですが、ここから読み取ろうとしているのは人々の感情であり、人々によって織り成される物語です。

コラム❹

コンビニB店の1日（未来編）

203×年のある日。午後11時を過ぎて、コンビニB店に、コンビニのロゴマークを付けた配送車が到着しました。配送車から降ろされるのは商品ばかりでなく、大小の段ボール箱が相当数混じっています。

午後11時にB店の営業は終わって、すでに店頭の灯りも消えているので、商品などは即バックヤードに運び込まれました。そこには、閉店後作業担当のジュンさん（55歳）がいて、運び込まれてくる商品や段ボール箱をてきぱき仕分けしています。

B店のバックヤードは広く、壁面には番号を付された常温棚、向かいには冷温（4～5℃帯）、定温（18～20℃帯）、冷凍（マイナス25℃帯）と各温度帯に分かれた棚が設置されており、運び込まれたモノの性質に合わせて適切な温度帯で管理されます。

段ボール箱はネットショッピング等で購入された商品です。中身は書籍やDVD、小型の家電、食品、生活雑貨、衣服などさまざまです。大人の紙おむつや介護用品、冷凍介護食などもあります。

ジュンさんは手にしているハンディタイプの端末に、運び込まれた商品の番号と商品を置いた棚番号をスキャンして行きます。すると、バックヤードの天井近くに設置されている大きなモニター画面に、いま打ち込んだ内容の詳細が映し出されました。

ジュンさんが商品などの仕分けをしている頃、B店に併設されているフードコートでは、カフェ部門担当のマミさん（24歳）が閉店後の後片付けをしています。

先ほどまで、深夜勤務に就くという看護師たちがコーヒーを飲んだり、夜食を摂ったりしていました。

B店周辺には、病院や介護サービス施設が集まっているのです。

その他にも、学校、集会所、郵便局といった公共性の高い施設が集積していて、この周辺地域の中核地になっています。

中核地といっても、小さな集落が点在している地域のなかでも比較的開けた地区という程度で、周辺地域を含めて2000世帯ほどでコミュニティを形成しています。

B店は、そのコミュニティに参加している人々によって運営されており、コミュニティとして大手コンビニチェーンに加盟しています。

つまり、ジュンさんもマミさんも、コミュニティの一員としてB店の運営に参画しているのです。

すっかり夜も更けると、コミュニティも眠りにつきます。コミュニティの特徴に合わせて、B店はチェーン本部との契約で24時間営業していません。

※　※　※

午前6時頃、B店前のバス停にコミュニティバスが着くと、朝一番の仕事に出掛ける人々が降りてきました。

そのなかの何人かはB店に向かいました。これから、開店準備の始まりです。

バックヤードの大きなモニター画面をトオルさん（28歳）とミドリさん（76歳）が見つめています。今日の作業メニューを確認しているのです。

昨夜ジュンさんが打ち込んだ番号から、注文された商品か販売する商品か、注文された商品は店頭渡しか宅配かなどを確認すると、ミドリさんは店頭への品出し、トオルさんは移動販売車への商品と配達品の積み込みを始めました。

B店に併設されるフードコートでも、各部門の担当者たちが気ぜわしく働いています。

午前7時少し前、ミヨコさん（68歳）、マツエさん（72歳）が加わって、B店はオープンを迎えます。B店の早朝担当は、早起きで元気な高齢者たちです。

それから、店前のバス停にコミュニティバスが着くたびに人々が降りてきて、その多くがB店を利用していきます。自家用車で出勤する途中に立ち寄っていく人もいます。

トオルさんが、移動販売車の準備が整ったようで出発して行きました。

トオルさんは学校卒業後も都市で生活していましたが、コミュニティによるコンビニ運営を知って、故郷に戻ってきました。移動販売車の担当は体力勝負ですが、どの地域に行っても待ちわびている人々がいて、働きがいを感じています。

午前9時を回ると、店頭に自家栽培の農産物を持ち込む人、買い物に訪れる人、待ち合わせをする人など、少し時間に余裕をもったお客が増えてきます。

店横の充電スタンドにEV（電気自動車）が止まりました。車を降りてきたのは、ホームヘルパーのソネさん（46歳）です。充電中にカフェで一休みして、コンビニで介護用品などを受け取ると、訪問先へ向かいました。

ソネさんも、B店を運営するコミュニティの一員です。コミュニティでは、ホームヘルパーの派遣事業も行なっています。

※　※　※

昼間のシフトは、高齢のスタッフが多いために短時間で入れ代わりますが、バックヤードの大型モニター画面で、誰がいつ何を担当するかをそのつど確認しながら作業していくので、まず混乱することはありません。

大型のモニター画面は、文字の大きさだけでなく、文字や背景の色にも工夫が施され、視力の弱くなった高齢者でも確認しやすいよう配慮されています。

来店客の流れも緩やかです。早朝の気ぜわしさが過ぎれば、午前の遅い時間から夕方まで大きなピークはありません。フードコートはさすがに昼食時に混み合いますが、時間に余裕のある人たちが時間をずらして利用するので、コンビニ店内の混み具合はそれほどでもないのです。

その間にも、バックヤードの大きなモニター画面には、ネットショッピング等で購入した商品の留め置き依頼、取り寄せ商品の注文依頼などが入ってきた順に映し出され、自動的に記録されていきます。

最近では、販売するための商品より依頼された商品の扱い量のほうが多いくらいです。個別に宅配してもらうと手数料が掛かりますが、コンビニ店舗を経由すれば無料なので、依頼者が増えているのです。

さらに、商品の受発注は、本部によるビッグデータ解析によって予測量が大型モニターに示されます。店舗ではよほどの訂正事項が発生しない限り、追認するだけです。以前に比べれば、廃棄ロス、販売機会ロスともに格段に減りました。

午後3時頃、B店の運営責任者のサキさん（42歳）が姿を現わします。1日の売上高を確定するためです。運営責任者としてサキさんが、スタッフの手配と経費の管理をしています。

ときどき、地域に在住していないコミュニティの構成員たちが訪れます。在住の人々と併設のカフェで話が弾みます。サキさんも加わって、コンビニ運営について話し合うこともしばしばです。

午後4時過ぎ、トオルさんの移動販売車が戻ってきました。商品はすべて車から降ろして棚卸をします。高齢のスタッフに代わって学生バイトがシフトに入りました。近隣の施設で勤めを終えた人々の来店が増えてくる頃です。

朝とは逆に、B店で買い物をした人々は、店前のバス停からコミュニティバスに乗って家路につきます。

第5章

コミュニティとコンビニ

1 コミュニティのネットワーク化

現代日本のコミュニティの原点

コミュニティという言葉は、時代や社会的環境によって、さまざまな意味合いを込めながら使われてきました。

昨今であれば、ネット上のコミュニティを最初に想起するかもしれません。ネットを利用する人の約半数はSNS（ソーシャル・ネットワーキング・サービス）を利用しているくらいです。コンビニ各チェーンでも、コミュニティサイトを運営しています。

もう少し前だったら、教科書で習った、地域（地縁や血縁など）と結びついた共同体という意味での「ゲマインシャフト」、企業や学校（選択縁）などがつくり出す共同体としての「ゲゼルシャフト」から想い起こしたことでしょう。

ネット上のコミュニティの大きな特徴は、地域のような地理的な空間（範囲）、企業や学校などではたいてい用意される物理的な空間（施設）がないことです。換言すれば、物理的な空間がなくてもコミュニティは成立するのです。

日本でコミュニティの言葉が普及するきっかけになったのは、1960年代末に、国民生活審議会の調査部会が出した報告書『コミュニティ〜生活の場における人間性の回復〜』によるとされています。

タイトルから察せられる通り、このときすでにコミュニティは崩壊に瀕《ひん》していて、〝人間性の回復〟のために〝再生〟もしくは新たに〝形成〟すべきものとして提案されています。

提案されたコミュニティは、未来の理想形で、いまだ実像がありません。いわば、素敵な伴侶ですよと紹介されながら、ぼんやりしていて顔もよく分からない状態。そんな出会いでした。

1970年代から各地にコミュニティ・センターがつくられました。コミュニティは実像を結ぶための拠点となる施設としてつくられたのです。しかし、今日までずっとコミュニティは〝再生〟や〝復活〟などの言葉とセットで語り続けられてきました。〝まだ見ぬわが君〟のままです。

東日本大震災のとき、隣近所で声を掛け合って津波から逃れたり、被災した者同士で励まし合ったり、各地、各国からの支援もありましたが、まずは地域のつながりが活きました。さらに、避難先では、せめて地域ごとにまとまり、揃って元の地域に戻って生活することが切望されました。

こうした助け合いは、阪神・淡路大震災のときにも見られました。避難先で、地域ごとにまとまる努力をしたのも、阪神・淡路大震災が教訓になっています。

また、東日本大震災では、被災者の安否確認や必要な物資の連絡に、ソーシャルメディアが活躍しました。実は、阪神・淡路大震災のときにもネットは活用され、その有効性が指摘されています。

ここには、物理的にも、非物理的にも、実像としてのコミュニティがあるように見えます。それとも、これは大震災という緊急事態に直面したときの人間という生物に備わった利他的な行為であって、日常のコミュニティとは切り離して考えるべきなのでしょうか。

「集団」から「つながり」へ

東日本大震災の後も、阪神・淡路大震災の後も、コミュニティの重要性は強く意識されるようになりましたが、表面上は一貫して、再生とか復活といった言葉とセットで語られてきたのです。ただし、この間に、コミュニティの概念のほうは大きく変化していました。

1960年代末に公表された国民生活審議会の報告書では、コミュニティを「生活の場において、市民としての自主性と責任を自覚した個人および家族を構成主体として、地域性と各種の共通目標を持った、開放的でしかも構成員相互の信頼感のある集団」と位置付けています。

それが、2005年の国民生活審議会の報告書「コミュニティ再興と市民活動の展開」になると、「自主性と責任を自覚した人々が、問題意識を共有するもの同士で自発的に結びつき、ニーズや課題に能動的に対応する人と人とのつながりの総体」とされます。

ふたつの定義を比べると、「自主性と責任の自覚」を求めている点は同じですが、コミュニティの構成主体は「個人および家族」から「人々」へ、共有するのは「地域性と各種の共通目標」ではなく「問題（ニーズや課題）」に変わりました。

注目すべきは、「開放的で……信頼感のある集団」から「能動的に対応する人と人とのつながりの総体」になったことです。

コミュニティの概念変化に、阪神・淡路大震災が影響していることは間違いありません。この年は後に「ボランティア元年」と言われ、1998年には「特定非営利活動促進法（NPO法）」が施行されました。

ボランティアやNPOは、東日本大震災でも大きな役割を果たしましたが、地域の枠を超えて、特定のテーマや目的の下に、ある志を持って集まり活動します。

地域の問題は、地域のなかで生活している人（世帯）だけで考え解決するのでなく、地域外の人々とも共有して、より良い解決策を見出していくほうが現実的であったということでしょう。

つまり、現状を追認することで、コミュニティの言葉の定義も変わったのです。

これで、地域コミュニティにおいても、地理的、物理的な制約がなくなりました。ネット上のコミュニティとも融合できます。しかも、コミュニティの構成員は〝集団〟に属することさえ求められません。

これまでのコミュニティに関する論議では、集団（場所と結び付いたアイデンティティや共同性）を重視してきたために、引越しなどで新しくコミュニティの構成員になる人（世帯）に対して、いかに〝閉鎖的〟でなく〝開放的〟に迎えるかが問われてきました。

逆に、閉鎖的であることを肯定する「ゲーテッド・コミュニティ」も、世界には存在します。一般には、高い塀に囲まれた高級住宅街で、セキュリティシステムを街全体に広げて、住人以外の出入りを厳しくチェックしているところを言います。

しかし、コミュニティ自体が、場所や集団から解放されました。〝つながりの総体〟とは〝ネットワーク〟にほかなりません。

地域に住まわず、集団に属さずとも、ネットワークに入れば、誰でもコミュニティの構成員です。

ボランティアとコミュニティ

〝つながりの総体〟となったコミュニティの概念から、改めて、東日本大震災後の復興支援を眺めると、ボランティアやＮＰＯによる活動とは違った様相を呈してくることに気づかされます。

ボランティアやＮＰＯの活動に参加する人も、コミュニティの構成員のように「自主性と責任を自覚」すべき点では共通しますが、活動自体は〝利他的〟なものです。「人の役に立ちたい」という素直な気持ちが原点になります。もちろん、現実にはいろいろな動機で参加するのですが、東日本大震災に限ってみると、原点の発露として活動に参加した人が多かったようです。

ボランティアが無給・無償を原則に掲げ、NPOが非営利組織とされるのも、利他的な活動に対して見返りを求めないためです。逆に言えば、利己的な活動なら無給・無償は当たり前なので、わざわざ原則として掲げることもないでしょう。

一方、〝つながりの総体〟となったコミュニティでの構成員の対応は、自分のコミュニティのための活動ということになります。コミュニティの他の構成員の役に立ちたいと思うこともあるでしょうが、そうであっても、自分のコミュニティに関わることです。

つまり、ボランティアの一員として活動するときの意識と、コミュニティの一員として活動するときの意識は異なります。

実際には、東日本大震災後の復興を支援している人の多くが「人の役に立ちたい」と思っていたとすれば、コミュニティの〝つながり〟のなかにいたとしても、被災地の出身者を別として、自分のコミュニティに自覚的な人は少数派となりましょう。

「人の役に立ちたい」という素直な気持ちを否定するつもりはありません。しかし、被災地の出身者にとって、震災は他人事《ひとごと》ではないはずです。同じように、ボランティアやNPOの活動ではなく、コミュニティ活動であれば、当事者意識を持つべきでしょう。

被災者に会ったとき「これは自分だ、自分たちそのものだ」と感じて、他人事とは思えないはずです。首都圏直下型地震、東海・東南海・南海地震やその連動型地震がいつ起きてもおかしくない状況下では、なおのこと、そう思うでしょう。

ボランティアやNPOの活動では、支援対象からニーズや課題を聞いて対応しますが、コミュニティ活動では、自分たちのニーズや課題を共有して各自ができることをします。

他人のためか、自分たちのためか、関わり方は強要できませんが、活動を共にしても、行動心理が異なるように見えている世界も違うでしょう。

地域コミュニティとグローバリゼーション

コミュニティは、理論上ではネットワークの広がりとともに、どこまでも無限に広げられるようになりました。それが地域コミュニティであったとしても、その構成員はグローバル（世界中）に求めることができます。

この場合の問題解決の仕方は、前章でコンビニのリアル店舗とネットとの融合について述べましたが、地域コミュニティでも同じように、リアルな地域とネットとの融合として捉えることができそうです。

なぜなら、地域コミュニティでは、コミュニティの構成員が共有する問題は、その地域に関することですから、自《おの》ずと地理的、物理的な制約が生まれますが、ネットを通じて、故郷を離れて暮らしている人が出身地域のコミュニティに参加したり、何かの縁をきっかけに気に入った地域のコミュニティに加わったり、地域コミュニティとの関わり方のバリエーションが広がっているからです。

たとえ過疎化や高齢化に悩む山村地域であっても、コミュニティ機能を最大限に活用して、グローバルに英知を結集することができるのです。地域外からコミュニティの構成員になった人も、自分たちの問題として向き合い、課題に対応します。

コンビニも、リアル店舗では各店舗が立地する比較的狭い地域のお客に対応しながら、ネットを通じて全国のお客とつながっています。

コンビニ店舗での商品の売れ行きは、各店舗の立地条件や地域性によって異なりますので、細かく分析され、各店舗に合った品揃えになるよう日々調整されています。この分析に使われるのは、各店舗の売上げや客層などの個別データだけではありません。同じ地域の他店舗データ、地域の祭事や行事、天気予報、チェーン本部が独自に収集しているデータなど幅広いものです。その対象となるデータや情報はどんどん増えています。

背景には、大量のデータや情報（ビッグデータ）を蓄積したり、素早く解析したりできる技術の進歩があります。

ネットを介して得ているお客の情報も、もちろん分析されています。すでに、コンビニの商品開発に活かされていますし、リアル店舗の品揃えにも活かされています。

リアル店舗は、地理的、物理的に制約を受けていますが、店舗をより良くするのは、その店舗の個別データだけではありません。他の情報も交えることで、各店舗の立地環境、地域性、個店での対応をよりクローズアップできるのです。多店舗展開するなかで、さまざまな立地条件や地域に出店してきたために、かえって、違いを知って違いに対応してきたとも言い換えられます。

地域コミュニティも、コンビニ店舗と同じく、地理的、物理的に制約を受けているという点では、地域外からの情報がいかに重要か認識できるでしょう。

また、地理的、物理的な制約による〝閉塞感〟は、ネット上でも実名を求めるコミュニティには見られますので、発言の匿名性、出入りや関わり具合の自由も保障されるべきでしょう。

地産地消のグローバル化

地域コミュニティも、各地の自治体レベルで見れば、すでにコンビニ各チェーンと深く関わっています。第1章で述べたように、各チェーンとの「包括的協定」を通じて、地産地消の取り組み、地域の活性化策などで協力を仰いでいます。

コンビニの店頭には、グローバルに（地球規模で）調達された原材料からつくられた商品が並んでいます。一方で、地産地消を前提につくられた商品も並んでいます。

つまり、グローバルな商品と地産地消の商品が、コンビニにおいては並列的に扱われているのです。

これは、コンビニにとってちっとも矛盾することではありません。先述したように、地域性や個店での対応を重視して、グローバルに情報を集めているのですから、地域で求められる商品の違いには敏感です。

もっとも、求められる商品は、人々の生活スタイルが似通ってくるほど、違いもなくなります。地域の商品といっても、全体の品揃えから見ればわずかです。大半はナショナルな（全国区の）商品で足りてしまいます。

一方、地産地消の取り組みは、当初こそ、地域内で生産したものを地域内で消費することで地域内の連帯感を醸成し、地域の活性化につなげようとしますが、たいてい、さらに活性化を求めて〝地産外消〟へ向かいます。

各自治体とコンビニ各チェーンとの「包括的協定」からも、あわよくば生産量を増やして地域外へと販路を広げたいとの思惑を読み取ることはできます。ある意味、コンビニは地域外への販路開発の取っ掛かりとして、適当な取り組み相手と言えましょう。

こうした自治体の思惑を、当の産地はことさら意識していないかもしれません。〝地産地消〟でも〝地産外消〟でも、生産そのものは変わらないでしょうから。しかし、〝地消〟から〝外消〟へ一歩踏み出せば、グローバル化への一歩となるのです。

たとえば、「産直」という販売形態は、産地と消費者をつなげる手法のひとつとして広く活用されていますが、地域内の消費者とつながる場合は地産地消、地域外の消費者とつながれば地産外消です。

現実には、多くの自治体は人口が減少しているので、地域の活性化を図ろうとすれば、〝地消〟から〝外消〟への流れは避けられません。さらに、日本全体の人口が減少していくので、海外へと〝外消〟は拡大していくことになります。

もともと、地産地消は境界線の引き方で伸縮自在ですから、どこから〝外消〟とするかは産地の考え方次第です。この点は、地域コミュニティの地理的な範囲の線引きも同じことです。どちらにしろ、地域の活性化には、地域外に消費者あるいはコミュニティの構成員を求める必要があります。

ここから、産品の流れ（物流）、情報の流れ、人的な交流などが生まれるでしょう。重要なのは、これらを持続的で信頼のおけるネットワークにしていくことです。

コミュニティは、物理的な空間がなくても成立しますが、対話的なコミュニケーションに片寄るために、非常に開放的な反面、流動的で不安定になりやすいようです。物理的な空間を有する地域コミュニティと結びつくことで、身体的な感覚を取り戻す契機にできれば、文字通り〝腰を落ち着ける〟人も増え、コミュニティの持続につながりましょう。

2　相互扶助ネットワークの検証

コミュニティと社会的責任（SR）

これまで述べてきたコミュニティ概念は、2005年の国民生活審議会の答申に基づくものです。国民生活審議会は、内閣府に設置される首相の諮問機関です。現状の追認とはいえ、首相の諮問機関が積極的にコミュニティの概念を変えたのには、やはり大きな理由があります。

最大の理由は、行政の財政悪化で、暮らしにおける多様なニーズに対応できないというものです。そのため、旧来コミュニティ（自治会や町内会などの地縁型団体の取り組みを核として、同じ生活圏の住民でつくる集団）のように行政に頼るばかりでなく、自己解決能力を持ったコミュニティの再興を呼び掛けたのでした。

その際に、企業の社会的責任（ＣＳＲ）に対する認識が高まっていることに着目して、コミュニティへの協力や連携を図るよう促してもいます。

東日本大震災で、第1章で述べたようなコンビニ各チェーンの支援活動も、各チェーンのＣＳＲとして捉えることができます。

実は、ＣＳＲの考え方も、時代とともに変遷してきました。

最近の最も大きな変化は、２０１０年に社会的責任（ＳＲ）に関する国際規格（ＩＳＯ２６０００）が発行されたことです。ＩＳＯといえば、環境マネジメントシステム（ＩＳＯ１４００１）や品質マネジメントシステム（ＩＳＯ９００１）がよく知られていますが、ＩＳＯ２６０００は認証を目的としていないところが異なります。

また、社会的な責任（ＳＲ）は、営利組織である企業に限らず、非営利組織であるＮＰＯ、政府、公益法人、中間法人、任意団体など、あらゆる「組織」が負うものとの考えから、ＩＳＯ２６０００ではＣＳＲでなく、ＳＲを使用しています。

そのＳＲの中核的な主題に「組織統治」「人権」「労働慣行」「環境」「公正な事業慣行」「消費者課題」「コミュニティへの参画およびコミュニティの発展」の7つが挙げられています。

コンビニチェーンでは、ファミリーマートがいち早くISO26000に基づく271項目のチェックシートをつくって自チェーンのCSRの現状分析を行ないました。課題を整理したところ「コミュニティ参画」の一部の項目が弱いことが分かり、活動のレベルアップを図っていくとしています。

小商圏に対応して地域に密着した店舗づくりをしているコンビニですが、ISO26000のガイドラインに照らせば、まだ足りないところがあるようです。

企業の考え方も変わってきました。これまでは、本業で得た利益の一部を環境保全などの取り組みを通じて社会に還元するという考え方が主流でしたが、最近は、本業そのものがSR活動となって社会貢献できるしくみに企業を変えていく動きが出てきていることです。

大切なのは、営利組織か非営利組織かにかかわらず、持続可能な活動にすることです。すると、組織を営利・非営利で区別すること自体が無意味になりそうですが、それがISO26000の狙いなのでしょう。

コミュニティと店舗～被災地での店舗事例から

地域コミュニティには、教育、医療、祭事などの生活に関連した施設が必要です。具体的には、学校、病院、集会所などの施設となりますが、日常生活に必要な食品や雑貨を購入できる店舗も含まれます。

最も重要なことは、こうした施設はなければ困りますが、あればいいというものでもありません。

それを痛感させる事例が、東日本大震災から1年後の3月末、朝日新聞の「記者有論」に岩手県宮古《みやこ》支局の伊藤智章支局長の意見として掲載されました。

要約すると、国は仮設住宅を供給するだけでなく、県外資本による店舗の出店を規制して、地元の零細商店を守るべきといいます。なぜなら、せっかく回復してきた東北の個人消費も、特需として享受しているのは県外大手の系列店舗ばかりだからです。人口減少地域で大手が先に活況になれば、地域の零細商店は立ち行かなくなります。国が経営指導を強めて、支援物資は被災地で購入し、特区で大型店を規制すべきだというのです。

具体的に、支局長が国の規制で守るべきとした地域の零細商店を挙げています。ひとつ目は、建物の9割が流された宮古市田老《たろう》で、震災半年後に再開した食料雑貨店です。周囲の不便を見かねて再開を英断しましたが、2カ月後には大手のコンビニ店舗がオープンして客足を取られてしまったそうです。

ふたつ目は、400戸の仮設住宅に隣接して建てられた仮設商店街の22店舗。商店街に人影がまばらなのは、大型店の送迎バスが発着したり、支援物資が届いたりで、商店街の需要を奪っているせいだといいます。

商店街の時計店店主は「仮設住宅に入ったら要《い》るなと、目覚まし時計を数百個仕入れて待ったが、全部パー」とぼやいたそうです。

震災時には近くの店舗の物資に助けられた人もいました。そんな店舗は〝地域の財産〟として守るのが政治の役割だと支局長は言い、冒頭の意見につながります。

田老地区の食料雑貨店は、先述したＳＲを果たすべき組織（企業）というより個人かもしれませんが、たぶんコミュニティの一員としてコミュニティの危機に直面して店舗再開を英断しました。一方のコンビニ店舗は、チェーン本部は大手企業でＳＲを考えているでしょうが、加盟オーナーは地域コミュニティの一員です。自らの役割として店舗を再開したのでしょう。

それとも、コミュニティの人数が少ないのだから、後から店舗をオープンするのは控えるべきなのでしょうか。地域内だけで考えればそういう見方もあるでしょうが、復興支援のボランティア、地域外のコミュニティ構成員などが集まってくれば、そういう人々にコンビニ店舗は役立つはずです。

重要なのは、復興の後も地域外のコミュニティの構成員とともに、コミュニティの課題を共有して解決していくことができるかどうかです。

コミュニティニーズと店舗マッチング

では、22店舗の商店街の場合を考えてみましょう。当初から、400戸の仮設住宅だけを商圏に設定していたのでしょうか。特に、専門店は商圏規模が必要ですから、仮設商店街こそ送迎バスを用意して、他地域の仮設住宅からも集客すべきところでしょう。

もっとも、商店街にほしい商品が揃っていなければ、いくら送迎バスを用意しても、お客を集めることはできません。

たとえば、時計店が仮設住宅のために用意したという目覚まし時計は、携帯電話でも間に合いますので、むしろ時計にこだわらずに生活にもっと必需なものを揃えたほうが喜ばれたのではないでしょうか。仮設住宅に隣接しながら、住民が大型店に流れてしまうのには、それなりの理由がありそうです。

国が特区などの規制を掛けたとして、特区が外れた途端に、立ち行かなくなる先例も少なからず見てきました。それでは、住民に不便を強いるだけになってしまいます。

被災地で問題になったのは、逆に、商店が近くにない辺鄙《へんぴ》な地に仮設住宅を建てたり、地域ぐるみで仮設住宅に移れなかったりしたことでした。

宮古市の事例は、仮設住宅と仮設商店街が隣接していますから、この点はクリアしていると言えましょう。

ここでの問題は、仮設住宅の住民ニーズと仮設商店街の品揃えがマッチしていないところにあります。

これまでなら、地域ニーズに応えられない店舗は消え去るのみでした。代わりはいくらでもあったからです。しかし、人口減少地域に代わりの店舗ができる保証はありません。

前出の支局長が心配しているのもこの点でしょう。身近な店舗を守らなければ、気づいたときには「買い物弱者」です。

といって、遠方の大型店を規制すれば解決する問題ではありません。

買い物に不便を感じている人の声に注意深く耳を傾けると、近くに全く店舗がなくて困っている人ばかりでなく、近くにほしいものを扱っている店舗がなくて困っている人の多いことに気づきます。

単に身近な店舗を守るだけでは「買い物弱者」をなくせないのです。

守られるべきは、地域コミュニティの「生活の質」のはずです。店舗はそのハード面に過ぎません。ソフト面での「生活の質」が守られなければ、人口の減少に歯止めを掛けることもできません。

コミュニティと店舗〜地方都市の商店街の事例から

今度は、地方都市のかつて栄えた商店街の取り組みを事例に、コミュニティと店舗の関係を考えてみたいと思います。

事例の商店街は、郊外のSC（ショッピングセンター）の影響で、櫛《くし》の歯が欠けるように店が減っていくなか、「何とかしたい」という危機感から知恵を出し合い、いくつかの事業を始めました。地域内に高齢者が多いことから、高齢者に寄り添うサービスの視点で考えられています。

ひとつは宅配サービス。スキームは、加盟店の商品やサービスを掲載したカタログを会員宅に配布しておき、電話やFAXで注文を受けて、専任スタッフが宅配するものです。

次いで、日用品26点を一箱に詰めて、置薬のように家庭に置いてもらい、月1回、訪問して中身を確認し、使われた分の代金を受け取り、商品を補充するサービスです。

3つ目に出張サービス。家の掃除、庭の手入れ、介護の手伝いなど、日常のさまざまな用事を請け負います。

4つ目に移動販売事業。加盟店の食品や雑貨を車に積み込み、店舗がなくなった過疎地域を週1〜2回ずつ巡回します。

これらのうち、最も中核的な事業に育ったのが移動販売事業で、心待ちにしてくれる高齢者が各地で増えているそうです。

とはいえ、これらの事業の売上高では、専任スタッフの人件費などはとても賄《まかな》えないので、補助金を活用しています。

問題は、事業の開始から3年を経て、補助金の終了期限を迎えること。いま打ち切られたら事業を続けられないので、国や自治体にもう少し支えてもらいたいといいます。

この事例を、第2章に登場した経産省の「買い物弱者応援マニュアル」の3つの応援方法に照らしてみると、事業の種類は多いように見えますが、ほとんどは自宅まで商品やサービスを届けるひとつの方法に収斂《しゅうれん》します。

つまり、サービスが重複《ちょうふく》しているので、その部分を効率よくまとめれば、コスト削減できるということです。

ここでの課題は、補助金の継続ではなく、補助金がなくても自力で事業を継続できる体制を整えることです。

しかし、同商店街の選んだ道は、補助金の終了後、新たな補助金を得て事業を継続する方法でした。

補助金はある意味で「みんなのお金」ですから、地域コミュニティのみんなの支持を得れば、どう使おうがコミュニティの自由なのですが、打ち出の小槌のように補助金が使えるわけではありません。

もちろん、補助を受けるべきでないとは全く思いません。事業の計画によっては貴重な支援になります。ただし、収益性の計画を立て、期間内に達成できないようなら、スキームを根本から見直すべきでしょう。

重要なのは、持続可能な社会に貢献できる事業であることです。補助金次第の事業で、安定したサービスを提供していると言えるでしょうか。

コミュニティと店舗の宅配サービス

店舗の宅配サービスにも、さまざまなスキームがあります。扱っている商品、対象とする客層、利用できる地域や範囲など、利用シーンによって使い分けられるくらいには細分化しています（図表5－1）。

たとえば、セブン‐イレブンでは、宅配サービス、配食サービス、移動販売車と3つのスキームを構築しています。各サービスについては第1章と第3章で詳述しました。

セブン‐イレブン各店舗がこれらのサービスを活用する場合は、立地や地域特性から、宅配＋

配食もしくは移動販売＋配食を組み合わせているようです。

宅配サービス「らくらくお届け便」は、超小型EV（電気自動車）で店舗から5〜10分程度の商圏内の配達に対応します。EVの維持費や配達の人件費などを勘案して、1日当たり5〜6件の注文で採算に乗るそうです（P250、写真）。

移動販売車「あんしんお届け便」は、5温度帯の商品を積み込めるよう改造した軽トラックで店舗から20〜30km圏を日によって地域を変え6〜7時間掛けて巡回販売します。車両は本部からの無料貸与です。運転手と販売員を1人でこなす重労働ですが、それだけの収益は上げているそうです。

注文を受けた商品を店舗から届ける（店

図表5-1　小売店舗の主な宅配・出張・移動サービス

	サービス	注文方法	配送日	配送エリア	事　例
店舗連動型	買上商品宅配サービス	店頭サービスカウンター	即日	店舗周辺 ↓ 拡大傾向	イトーヨーカドー「きいろい楽だ」 イオン北海道「楽宅便」 近商ストア「宅配」「楽タク」サービス
	商品（予約）宅配サービス	店頭で買上時、電話等で注文	即日		セブン‐イレブン「らくらくお届け便」
	ネットスーパー（店舗拠点型）	ネット（事業者により電話・FAX可）	即日		西友ネットスーパー「マイドアリーズ」 イズミヤ「楽楽マーケット」 オークワ「テレビdeネットスーパー」
	カタログ宅配サービス	電話・FAX（事業者によりネット可）	即日・翌日		平和堂「ホームサポートサービス」 イオン宅配サービス「とどくんです」 セブン‐イレブン「セブンミール」
	御用聞き宅配サービス	訪問者、電話を掛けてくれた人（タブレット端末、注文用紙）	即日・翌日		スーパーサンシ「安心クラブ」 マックスバリュ西日本「くらし便」
	出張（請負）サービス	店頭カウンター、電話	予約日		カインズ「スマイルサービス」
	移動販売車	―（巡回）	週1	20〜30km圏	セブン‐イレブン「あんしんお届け便」 ファミリーマート「ファミマ号」
店舗分離型	生協の宅配（個配）	注文用紙、電話・FAX、ネット	定期（週1）	事業エリア	コープネット「コープデリ宅配」 生協の宅配パルシステム
	ネットスーパー（センター型）	ネット（事業者により電話・FAX可）	即日	指定地域	サミットネットスーパー 阪急キッチンエール東京・関西
		ネット	定期	全国	らでぃっしゅローソンスーパーマーケット
	ネット通販	ネット	翌日以降		セブンネットショッピング イオンショップ
	TV・カタログ通販	ネット、電話・FAX	7〜10日後		イオンサクワ

舗連動型）宅配サービスの場合、先の商店街のように、最初から専任スタッフを置く例は多くありません。注文件数が増えても、やっと注文を管理するスタッフを1人置く程度で、商品のピックアップ等は通常の店舗スタッフが手分けして当たっています。

なぜなら、宅配サービスは買い物に付随したサービスと見なされ、配送車や配達員などに掛かるコストをそのまま料金に反映できないからです。コスト分を吸収するために、宅配の時間帯と配送ルートを効率的に組み合わせたり、買上げ金額の引き上げ誘導を図ったり、店舗連動型の宅配サービスの場合には店舗での通常の業務のなかに組み込んだり、採算ベースに乗せてサービスを継続的に提供できるよう努力しています。

セブン－イレブンの「セブンらくらくお届け便」専用車
超小型EV（電気自動車）で場所を取らない

もちろん、利用者の使い勝手を考えた工夫もしています。注文方法をネットスーパーでもネットに限ることなく、電話・FAXなどにも対応したり、配達の時間帯の指定をできるだけ細かくしたり、配達の少し前にお知らせしたり、わざわざ訪問して注文を取る本来の御用聞きをしているところもあります。

宅配の利用者には、自然派食品や生協の宅配が扱っている農薬・添加物・製法・飼育法などにこだわった商品に魅力を感じて利用している人も少なくありません。しかし、注文から配達までの日数が掛かったり、届けられる商品内容がお任せだったりします。

「らでぃっしゅローソンスーパーマーケット」は、ローソンと自然派食品宅配の「らでぃっしゅぼーや」にNTTドコモが加わった宅配サービスで、既存のらでぃっしゅぼーやに対して、入会金や会費がなく、定期便の中身が変更できたり、配達時間帯を選択できたり、従来の自然派食品宅配のデメリットを克服しています。

買い物の便・不便の感じ方

先述している宅配サービスで、根強い人気のあるのが、店舗での買い物はお客がして、買上げ商品を宅配するサービスです。

セブン-イレブンの「らくらくお届け便」では、電話等で受けた注文の商品を宅配するのと同時に、お客が店頭で購入した商品の宅配もしています。

自宅に居ながらに、ほしい商品が手にできる宅配サービスは便利です。

図表5―1のように、店舗連動型の宅配サービスには即日配達も多く、配達のエリアも広がりつつあります。特に、ネットを活用することで、リードタイムを短くすることができるようになりました。

その一方で、買い物するなら店頭でいろいろな商品のなかから選びたい、できれば自分の目で見て、手で触って選びたいという人も少なくありません。自宅に居ながらより、買い物のために外出できることに価値を置いているのです。ただし、買い物した後に、買上げた商品を持って帰ってくるのは別です。手ぶらで帰れる宅配サービスは便利です。

このように、同じ宅配サービスでさえ、人によって、何に価値を置くかによって、便利さは変わってきます。

自宅に居ながら商品を手にできる宅配サービスを便利と思う人には、ネットが必需品になりつつあります。

外出して買い物することに価値を置いている人には、店舗までの手段が重要です。モータリゼーションによって、これまでは絶対的に自動車でした。現在でも、自動車を必需品と考えている人や地域は多いでしょう。

問題は、加齢などの理由から気軽に自動車を操れなくなったときです。公共の交通機関が途絶えている地域も多いので、店舗の送迎バス、コミュニティバスなどの交通手段を設ける必要があります。もしくは、徒歩圏内に店舗をつくったり、移動販売車を巡回させたりするかです。

カタログやネットショッピングなど、自宅に居ながら買い物する方法は、外出して買い物することに価値を置いている人たちにとって、便利なサービスではなく、代替のサービスに過ぎません。

とはいえ、ネットを便利なツールとして使っている人たちでも、すべての買い物をネットで済ませようという人は、将来はどうか分かりませんが、現在のところは少数派です。

さらに、「買い物弱者」への聞き取り調査によれば、ネットやカタログから商品を選ぶよりも実際に商品を手に取って見ながら選びたいと思っている人のほうが多いようです。近くの店舗で、移動販売車でもいいから、実物を手に取りたいと言います。

コミュニティの店舗づくり

いまのところ「買い物弱者」への買い物支援では、優先順位として、宅配サービスより以前に、まず店舗がつくれないか、次いで移動販売車を検討するのが、利用対象者の意向に添うようです。宅配サービスは、店舗と連動しても分離しても提供できます。

店舗をつくる際には、立地をよく検討する必要があります。もっとも、「買い物弱者」の発生しているような地域では、以前には店舗があったのに、立ち行かなくなって撤退してしまった地域も多いでしょう。そこへ改めて店舗をつくるのは容易なことではないように見えます。しかし、それも考え方次第だと思います。

いわゆる競合店の存在に脅かされないのであれば、計画通りに事業を展開できます。今後の人口増が見込めない状況では、売上増も見込めませんが、方向性ははっきりしています。設定した商圏内の利用対象者のニーズに徹底して応えて行くことで、持続可能な店舗をつくることです。コミュニティ・ビジネスとして手掛けても、これまで利潤を追求してきた企業であっても、基本的な方向性は変わりません。

具体的な店舗の立地としては、利用対象者が歩いて買い物に来られる位置がいいのですが、すでにコミュニティ・センター、学校、役場などの公共の施設が集積している場所があれば、その近くに建てたほうが利用してもらいやすいかもしれません。

地域によっては、コミュニティの中心となる場所がなく、小規模な集落が分散しているところもあるでしょう。現状では移動販売車が巡回していたりしますが、新たに店舗をつくる場合は、それをきっかけに中心地をつくっていくのも手だと思います。たとえば、コミュニティの中心地とする場所には、生活関連の施設とともに、公共住宅や高齢者向けのケア住宅なども整備して、地域の内外から住み替えしやすい環境にします。

また、人口減少地域では、空き家や空き地の扱いも問題になっています。上手に活用できれば、コミュニティのシンボルにできるかもしれません。

もっとも、重要なのは店舗をつくることではなく、店舗の品揃えが利用対象者のニーズにマッチしていることです。店舗はつくっておしまいではなく、利用されなければ意味がないどころか、維持できません。

ただし、地域内の住民だけで地元で収穫したモノを中心に品揃えをして店舗をつくっている事例も見掛けますが、概して、品揃えの片寄り、売れ筋商品の欠落などが目につきます。地元のモノだけでは飽きがきますし、一方、幅広く仕入れるには限界があります。

そのために、売上げが低かったり、利用客数が少なかったりしても、何とか運営できてしまうと、かえって問題です。売上げが低いとか利用客数が少ないのは、満足していない人が多いことを意味しているからです。

せっかく店舗をつくっても、みんなが便利と思わなければ〝不便の分かち合い〟になってしまいます。

コミュニティでのコンビニの可能性

地域のなかに、商店街、食品スーパー、ドラッグストア、コンビニなどの複数の形態の店舗があって、買い物によってそれぞれ使い分けられていたところでも、人口減少が進めば、最終的には1店舗になるでしょう。

たとえ人口減少地域であっても、「生活の質」は維持したいものです。

そのためには、最終的に残る1店舗は、地域ニーズのすべて（商品もサービスも）を導入していなくては困ります。

その1店舗の形態は、スーパーであったり、ドラッグストアであったり、コンビニであったり、地域によって異なるだろうと思いますが、地域ニーズを満たすためには、ITインフラの下に、商品調達、物流、情報などがシステム化された店舗になるはずです。

第2章で、経産省の「買い物弱者応援マニュアル」を紹介しましたが、事例に挙げられている店舗には、ナショナル（全国区）チェーンやリージョナル（多地区）チェーンに加盟することで、利用客数が伸びたり、客単価が上がったりしたところがあります。

チェーン店舗のほうが、個店に比べて店頭での品揃えのバランスが取れて、必要な商品の供給もスムーズに進むからです。また、先述したように、地域外のデータを含めて、どんな商品やサービスが求められているかを分析する機能にも長けています。

ただし、チェーン展開の仕方には、チェーン本部が自前で店舗をつくっていく方式（レギュラー・チェーン）と、コンビニのように加盟店を募集して店舗の運営を任せる方式（フランチャイズ・チェーンやボランタリー・チェーン、それぞれの特徴についてはコラム❷を参照）があります。

レギュラー・チェーンの場合は、チェーン本部が自らのコストで店舗をつくって運営しますが、加盟店を募集するチェーンの場合は、店舗をつくる前にチェーン本部と加盟店が契約を交わし、その契約内容にもよりますが、基本的には店舗をつくるコストから運営するコストまで加盟店が負います。

各々メリット・デメリットがありますが、地域コミュニティの生活基盤の支えとなるには、コミュニティの意思が反映されることが重要だと思います。それには、コミュニティが店舗の運営に携われるように、レギュラー・チェーンの場合は権限を委譲したり、加盟店を募集するチェーンの場合は加盟条件を緩和したりすることが求められます。

また、店舗では商品だけでなく、サービスの充実も図るべきでしょう。

一方で、撤退した店舗の跡地には、たいてい次のディベロッパー（開発者）が決まるまで、空き店舗になった建物が放置されてきましたが、今後は、撤退した後は更地に戻すというルールが必要だと思います。

お客様からパートナーへ

コミュニティのために、わざわざ店舗をつくるのですから、地域内の全世帯から利用される店舗にすべきです。

コミュニティ全体で店舗づくりに関わり、各自がほしいモノやサービスの導入を目指せば、〝我がコミュニティの店舗〟を守ろう、より良くしようという気になりませんか。

これまで、扱い商品やサービスが気に入らない店舗に、我慢したり、クレームを言ったり、何も言わずに利用しなくなったりしたのは、店舗に対して自分は〝お客〟と思っていたからです。

一方、店舗の側でも利用者を〝お客様〟と思っているので、できる範囲で対応はするものの、じっくり腹を割って話し合うということはしません。

〝お客様〟は、買い物行動の大部分を無意識に行ない、自覚していることのほうが少ないと、流通業界では考えて、無意識の意識や潜在的なニーズを捉える研究を続けてきました。その目的は「顧客満足」を高めて、ずっと〝お客様〟でいてもらうためです。

もっとも、そういう研究を〝お客様〟のなかには胡散臭《うさんくさ》いと思っている人もいるでしょう。

しかし〝我がコミュニティの店舗〟は違います。コミュニティの構成員同士は対等なパートナーとして、コミュニティの店舗を運営していく点で同じ価値観を共有します。

〝お客様〟から〝パートナー〟へと立場が変わることで、店舗の運営目的もこれまでの「顧客満足」から「価値観の共有」へと変わります。

だからといって、ただ腹を割って話し合えば上手《うま》く行くほど、店舗の運営はやさしいものではありません。これからも「生活の質」を維持し、コミュニティとしての快適性を追求して、自分たちのために自分たちの潜在ニーズをチェーン本部と連携しながら研究していくことになるでしょう。

コミュニティの店舗は、コミュニティに集う老若男女、さまざまな人たちが働く場となります。世代間を超えたコミュニケーション手段を見出す必要もあるでしょう。本当に大切なことは、システムを変える以上に、意識が変わることです。

＜参考文献＞
・P.F. ドラッカー（上田訳）『イノベーションと企業家精神』2007 年 3 月（ダイヤモンド社）
・ジェラード・デランティ（山之内ら訳）『コミュニティ』2006 年 3 月（NTT 出版）
・木村尚三郎『ヨーロッパ思索紀行』2004 年 2 月（日本放送出版協会）
・アスキー総合研究所『ソーシャル社会が日本を変える』2011 年 2 月（ｱｽｷｰ・ﾒﾃﾞｨｱﾜｰｸｽ）
・広井良典『創造的福祉社会』2011 年 7 月（ちくま新書）
・レスリー・R・クラッチフィールド＆ヘザー・マクラウド・グラント（服部訳）
『世界を変える偉大なＮＰＯの条件』2012 年 7 月（ダイヤモンド社）

＜主な資料＞
・月刊『コンビニ』2011 年 5 月号（商業界）
・隔月刊『フランチャイズエイジ』2011 年 9 月号、11 月号、2012 年 1 月号
（社団法人日本フランチャイズチェーン協会）
・経済産業省『地域生活インフラを支える流通あり方研究会報告書』（2010 年 5 月）
・経済産業省『買い物弱者を支えていくために vor1.0』（2010 年 12 月）
・経済産業省『買い物弱者を支えていくために vor2.0』（2011 年 3 月）
・農林水産省農林水産政策研究所『食料品アクセス問題の現状と対応方向』（2011 年 8 月）
・国民生活審議会総合企画部報告『コミュニティ再興と市民活動の展開』（2005 年 7 月）

＜主な HP ＞
・日本フランチャイズチェーン協会　http://www.jfa-fc.or.jp/
・セブン - イレブン　http://www.sej.co.jp/
・ローソン　http://www.lawson.co.jp/index.html
・ファミリーマート　http://www.family.co.jp/
・サークルKサンクス　http://www.circleksunkus.jp/
・ミニストップ　http://www.ministop.co.jp/
・セブン銀行　http://www.sevenbank.co.jp/
・NTT 東日本　http://www.ntt-east.co.jp/

＜その他＞
日本経済新聞、朝日新聞、読売新聞

＜写真・キャラクター出典＞
・モバイルローソン号
http://www.lawson.co.jp/company/news/prblog/cat1036/cat1037/index_3.html
・セブンあんしんお届け便
http://www.7andi.com/dbps_data/_material_/localhost/ja/release_pdf/2012-0613-1334.pdf
・ファミマ号
http://www.family.co.jp/company/news_releases/2011/110908_1.html
・セブン銀行移動ＡＴＭ車
http://www.sevenbank.co.jp/support/info2011062401.html
・ローソン「あきこちゃん」
http://www.lawson.co.jp/socialmedia/index.html#socialmedia-area

切りとり線

★読者のみなさまにお願い

この本をお読みになって、どんな感想をお持ちでしょうか。祥伝社のホームページから書評をお送りいただけたら、ありがたく存じます。今後の企画の参考にさせていただきます。また、次ページの原稿用紙を切り取り、左記編集部まで郵送していただいても結構です。

お寄せいただいた「100字書評」は、ご了解のうえ新聞・雑誌などを通じて紹介させていただくこともあります。採用の場合は、特製図書カードを差しあげます。

なお、ご記入いただいたお名前、ご住所、ご連絡先等は、書評紹介の事前了解、謝礼のお届け以外の目的で利用することはありません。また、それらの情報を6カ月を超えて保管することもありません。

〒101―8701（お手紙は郵便番号だけで届きます）
祥伝社　書籍出版部
電話03（3265）2082
祥伝社ブックレビュー　http://www.shodensha.co.jp/bookreview/

◎本書の購買動機

＿＿＿＿新聞の広告を見て	＿＿＿＿＿誌の広告を見て	＿＿＿＿新聞の書評を見て	＿＿＿＿＿誌の書評を見て	書店で見かけて	知人のすすめで

◎今後、新刊情報等のパソコンメール配信を　　希望する　・　しない

◎Eメールアドレス　　※携帯電話のアドレスには対応しておりません

@

100字書評

コンビニと日本人

住所

名前

年齢

職業

加藤直美（かとう・なおみ）

愛知県生まれ。法政大学法学部卒。経営コンサルタント会社を経て、1989年に流通業界のサポート会社「トレードワーク」を結成し、メーカーや小売業のマーケティング・サポートを行なう。1991年から消費生活コンサルタントとしても活躍。流通業界に精通する立場から流通専門誌などに数多く執筆し、著書に『コンビニ・ドットコム』（「商業界」刊）、『コンビニ食と脳科学』（祥伝社新書）などがある。

コンビニと日本人《にほんじん》

なぜこの国《くに》の「文化《ぶんか》」となったのか

平成24年12月10日　初版第1刷発行

著者　加藤直美《かとうなおみ》

発行者　竹内和芳

発行所　祥伝社《しょうでんしゃ》

〒101-8701　東京都千代田区神田神保町3-3
☎03（3265）2081（販売部）
☎03（3265）2082（編集部）
☎03（3265）3622（業務部）

印刷　萩原印刷

製本　関川製本

ISBN978-4-396-61440-9 C0036

祥伝社のホームページ　http://www.shodensha.co.jp/